Never stop exploring!
Mit dem Rucksack um die halbe Welt

Clemens Enk

Bibliografische Information der Deutschen Nationalbibliothek: Die Deutsche Nationalbibliothek verzeichnet diese Publikation in der Deutschen Nationalbibliografie; detaillierte bibliografische Daten sind im Internet über dnb.dnb.de abrufbar.

© 2023 Clemens Enk
Herstellung und Verlag: BoD - Books on Demand, Norderstedt
ISBN: 9783755778080

Clemens Enk wurde 1993 in Kufstein geboren. Er maturierte an der Handelsakademie Wörgl und leistete im Anschluss den Präsenzdienst ab. Schon früh zog es Clemens Enk in die Welt des Marketing- und Vertriebs: Er arbeitete in einem Premiumautohaus und verkaufte Werbeanzeigen im Außendienst. Als Freunde beim Ausgehen über das Reisen sprechen, lässt ihn die Idee einer Weltreise nicht mehr los. Bereits unter seinem 30. Lebensjahr bereist Clemens Enk über 40 Länder auf vier Kontinenten.

MIT DEM RUCKSACK UM DIE HALBE WELT

NOVEMBER   2015   -   JUNI   2016

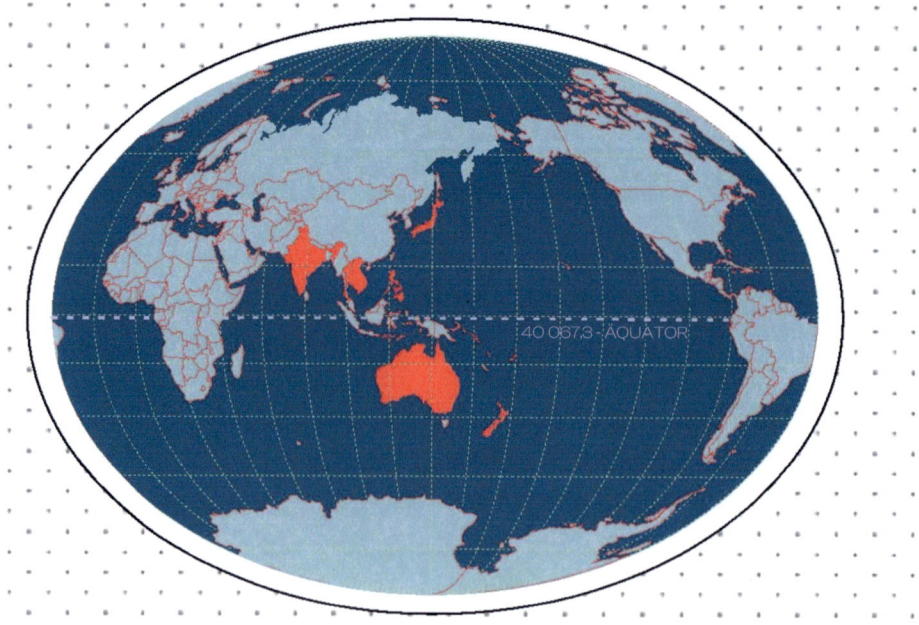

40 0673 - AQUATOR

61 775 KILOMETER   45 500 KM   16 275 KM

Ich widme dieses Buch allen Menschen, die mich auf meinen Reisen unterstützt haben. Ohne Eure Hilfe wäre dieses Buch nicht zustande gekommen.

INHALTSVERZEICHNIS

Vorwort

Xin chào! Kamusta! Halo - willkommen an Board!

Falls Du Dich fragst, um welche Sprachen es sich handelt? „Hallo" auf vietnamesisch, philippinisch und malaiisch: drei von dreizehn Ländern in diesem Buch!

Auf den kommenden Seiten werde ich meine Erlebnisse aus acht Monaten Abenteuer schildern: Dabei male ich nichts schön. Warum auch? Reisen ist ein vielseitiges Erlebnis! Dazu gehört, in Indien am Strand von einem Stier verfolgt zu werden, in Bali auf einer Hochzeit teilzunehmen und in Neuseeland von einer 134 Meter hohen Plattform zu springen. Sei also gespannt, schnall Dich gut an und genieß die Reise!

Clemens, April 2023

PS: Aus Gründen der besseren Lesbarkeit wird in diesem Buch das männliche Geschlecht verwendet. Es wird ausdrücklich darauf hingewiesen, dass alle Geschlechter gleichermaßen umfasst werden!

INDIEN
November 2015

Indien, ein Subkontinent mit 1.4 Milliarden Menschen: Mein erstes Ziel. Als ich die Entscheidung in meinem Freundes- und Familienkreis verkündete, aufzubrechen und dieses Land zu bereisen, tauchte die Frage auf: Warum ausgerechnet Indien? Ich fand den Spielfilm „Ghandi" klasse und bewunderte den Mut eines Mannes, der es schaffte, gewaltlos Indiens Unabhängigkeit wiederzuerlangen. Mir fiel auch das Buch „Shantaram" zu: Der Australier Gregory Roberts schildert wie er aus einem australischen Gefängnis ausbrach und mit einem gefälschten Reisepass nach Mumbai floh. Dort ließ er sich für zehn Jahre nieder und kam mit der indischen Unterwelt in Kontakt. „Ende gut, alles gut" wurde er zum „Shantaram" - einem „Mann des Friedens".

Im November war es dann soweit: Ich kehrte meiner Heimat den Rücken zu und flog nach New Delhi. Mein Gastgeber holte mich vom Flughafen ab. Welcher Gastgeber überhaupt? Ich betrieb eine Menge Couchsurfing auf meinen Reisen: Die Webseite dient dazu, um gratis bei Einheimischen zu übernachten. Ein Profil ausgeschmückt mit Hobbys und Fotos weckt die Neugierde der Gastgeber.

Zwei Tage vor meiner Ankunft fragte mich mein Gastgeber: „Kannst du mir bitte eine Flasche Whisky vom Duty-Free-Shop mitnehmen? Die sind dort sehr günstig. Das wäre super!" „Kein Problem", schrieb ich ihm. Die günstigste Flasche kostete 30 $. „Reichlich Geld für Indien, wo das Monatsgehalt eines Arbeiters 30 $ beträgt!", dachte ich beim Kauf des Whisky.

Das erste Fettnäpfchen, in das ich in Indien trat? Ich stieg auf der falschen Seite des Autos ein. „Stimmt, ehemalige britische Kolonie und Linksverkehr!" Wir fuhren vom Flughafen in Richtung Apartment. Nach wenigen Metern fiel mir die Armut auf: Kleine Kinder aus Bangladesh bettelten an roten Ampeln und Leute benutzten die Hauptstraßen als Toilette. Kein Wunder, warum die Hauptstadt „Smelly Delhi" genannt wird!

RED FORT DELHI

Die Mutter des Gastgebers kochte leckeres Essen: Gelbe Linsen mit Nan, würzige Eintöpfe mit Okra, alles vegetarisch. Ich überreichte wie vereinbart die Flasche Whisky. Ich hatte anscheinend einige Vorgänger gehabt: Die Glasvitrine war voll damit!

Ich akklimatisierte mich in Delhi und fuhr nach Agra zum weltberühmten Taj Mahal. Ich reiste in Indien klassisch mit dem Zug: Das Haupttransportmittel für Langstrecken kostet nur wenige Rupien und ist ideal, um bequem von A nach B zu gelangen. Vom Bahnhof ging ich zu Fuß zum Mausoleum, welches der muslimische Großmogul Shah Jahan zum Gedenken an seine verstorbene große Liebe Mumtaz Mahal erbauen ließ.

Ich wurde von den Menschenmengen erdrückt, die sich das Grabgebäude ansahen. Zum Glück hatte es einen „Trick 17" gegeben, um der Warteschlange zu entkommen: Ein schlauer Kerl bot mir gegen ein wenig Provision an, mich direkt zum Eingang zu führen. Ich bewunderte das Denkmal aus allen möglichen Blickwinkeln - später ging ich zu Fuß durch Agra. Mich wunderte, wo das ganze Geld der Einnahmen des Taj Mahals hinfloss? Die Stadt roch nach Fäkalien: Der Gestank war unerträglich. Das Taj Mahal glänzte in marmorweiß, doch der Rest der Stadt war ein armseliger Anblick.

Per Nachtzug reiste ich nach Jaipur. Auf Couchsurfing stolperte ich über das Profil eines Mannes, der sich für eine Wohltätigkeitsorganisation für Waisenkinder einsetzte. Mein Gastgeber namens Nitin hatte zwei Kinder und eine Frau: Wie bei vielen Indern üblich, lebte er mit seinen Eltern unter einem Dach. Er erzählte mir, dass seine Hochzeit von seinen Eltern arrangiert wurde. Er liebte eine andere Frau, die aber von einer anderen Kaste als er abstammte. Im Vorhinein hörte ich bereits über das Kastensystem. Auf der niedrigsten Ebene gibt es die Gruppe der „Unberührbaren", die nur Tätigkeiten wie Straßen kehren ausüben dürfen.

Mein Gastgeber zeigte mir zusammen mit einem Kanadier, der auch bei ihm zu Gast war, die Stadt. Wir gingen zu Freunden von ihm, die eine Mechanikerwerkstatt hatten: Dort wurden die für Indien bekannten Royal Enfield Motorräder repariert. Der indische Hersteller ist die älteste noch produzierende Motorradmarke der Welt und die Zweiräder sind in Indien ein Kultobjekt. Zu Hause kümmerten sich seine Eltern gut um uns und es fühlte sich so an, Teil einer indischen Familie zu sein. Jaipur hatte viel zu bieten und eignete sich gut, um tiefer in die indische Kultur einzutauchen. Ich besichtigte den bekannten Palace of Wind, den Amber Palace etwas außerhalb von Jaipur und die Sternwarte Jantar Mantar. Das Bauwerk namens Samrat Jantar ist mit 27 Meter Höhe die weltgrößte Sonnenuhr und zeigt die Zeit auf etwa zwei Sekunden genau an.

Nach der Exkursion von Jaipur fuhr ich ins südliche Udaipur. Der Drehort für den James Bond Film „Octopussy" war das „Taj Lake Palace" in Udaipur. Das 5-Sterne Hotel war früher ein Palast der Maharaja Dynastie: Heutzutage dient es als Residenz für reiche Inder aus Bollywood, um für ein paar Tage abseits des Lärms der Großstadt zu entspannen.

Ich schaute mir den Stil der Inder ab: Ich sah keinen einzigen Mann in kurzen Hosen! Kurze Hosen sind in Indien verpönt! Genauso unbeliebt wie T-Shirts! Zu viel nackte Haut für das indische Auge. Ich fand einen Herrenausstatter und wollte optisch als Inder durchgehen. Ich erkundigte mich nach den Preisen für ein maßgeschneidertes Hemd und einer Hose - ich konnte es kaum erwarten, bis meine Klamotten zur Abholung bereit standen.

Mit neuem Stil war ich bereit für die lange Weiterreise in die größte Stadt Indiens: Mumbai. Mit dieser Stadt assoziierte ich kitschige Bollywood Filme - und den Film „Slumdog Millionär". Ich war froh, als ich nach einer 16-stündigen Zugfahrt in einem Liegewagon der 2. Klasse ankam. Bombay, der einstige Kolonialname, war eine Stadt, die mehr vom Westen geprägt war, als alle anderen Städte Indiens: Hier gab es McDonalds, deutsche Autos, Fleisch und Nightlife. Ich fand einen Gastgeber namens Sanjay, der seine Wohnung als eine Art Hostel zur Verfügung stellte.

STREETFOOD

Neben mir waren auch andere Couchsurfer zu Gast; Douglas kam aus Brasilien und bereiste seit zwei Jahren den Globus; Orcun, gebürtiger Türke mit Wohnsitz in Berlin, war digitaler Nomade. Als ich nach langer Suche und mit der Hilfe von Google Maps bei Sanjays Wohnung ankam, überraschte mich, dass ausgerechnet ein Deutscher die Tür öffnete: Andy wanderte hoffnungsvoll aus dem Ruhrgebiet aus, um die große Schauspielkarriere in Mumbai zu machen. Ein gutes Gefühl, nach drei Wochen reisen Deutsch zu sprechen - von seinem Balkon aus blickten wir auf ein Slum der Superlative: Eine Stadt in der Stadt, wenn man so will! Laut Andy war dieses Slum die Inspirationsquelle für den Film „Slumdog Millionär". „Wieviele Leute leben in ganz Mumbai, wenn das Slum schon so groß ist?", fragte ich wissbegierig. „Das weiß niemand ganz genau. Leute kommen und gehen und es gibt eine Menge illegaler Einwohner aus Bangladesh. 20 Millionen? Vielleicht auch 30 Millionen Einwohner?", meinte er.

Um Mitternacht kam dann schließlich Sanjay nach Hause. Er spielte in einer Band und präsentierte uns seine Schlagzeugkünste: Die Party ging zu Hause weiter! Es waren auch zwei indische Mädchen dabei, die die Jungs beim Ausgehen kennengelernt hatten. Orcun und ich flirteten mit ihnen und wir tauschten Nummern aus. Ein paar Tage später trafen wir uns zu viert in einer Bar. Wir tranken Cocktails und redeten über das Reisen und Indien. Sie luden uns ein, mit zu ihrer Wohnung zu kommen. Mit dem Rikscha Taxi fuhren wir zu dem Apartment etwas außerhalb der Metropole. Ein kleiner Malteser kam uns entgegen, als wir die Tür öffneten. Die Frauen schminkten sich ab und zogen Freizeitkleidung an: Sie schauten plötzlich anders aus, ganz ohne Schminke! Wir tranken Tee und machten es uns auf der Couch gemütlich. In der Küche stand ein Apothekerschrank mit dutzenden Nahrungsergänzungsmitteln - unter anderem Östrogene. „Warum brauchen die Östrogene?", fragte ich Orcun stutzig. Er war ebenfalls ahnungslos. Ich runzelte die Stirn. „Warum braucht ihr Östrogene?", fragte ich sie.

„Nun, okay! Sorry Jungs, aber eigentlich sind wir keine Frauen!" Orcuns Kinnlade fiel zehn Meter in den Abgrund, meine noch tiefer. „Das kann doch nicht sein", wir schauten uns fassungslos an. „Wir finden indische Männer nicht interessant - ihr seit viel süßer. Wir wollten es euch nicht sagen, weil wir nicht gewusst haben, wie ihr reagieren würdet.

Wir machen gerade eine Operation zum anderen Geschlecht", klärten uns die Frauen/Männer auf.

Wir tranken den Tee aus und fuhren mit dem Rickscha Taxi zurück zu unserem Apartment. Die Leute in der WG schmunzelten, als wir ihnen unser Erlebnis schilderten. Das hatte niemand erwartet!

BLICK AUF MUMBAI

UNTERWEGS IN HAMPI

Für uns Westler ist Goa ein Paradies, wo man es sich für wenig Geld gut gehen lassen kann. Ich aß in Restaurants häufig frisch gefangenen Fisch. Viele Restaurants hatten hebräische Namen und an jeder Ecke gab es Falafel und Schnitzel. Zum Teil wusste ich nicht, ob ich mich gerade in Indien oder in Tel Aviv befinde. Ich befragte ein paar Leute aus Isreal, warum sie hier gerne Urlaub machten. Die Antwort: In Isreal ist es für Männer und Frauen verpflichtend, den Grundwehrdienst abzuleisten. Aber anders als bei uns in Österreich, wo man nur für sechs Monate eingezogen wird, müssen Männer für ganze drei Jahre und Frauen für immerhin zwei Jahre zum Heer. Danach möchten die Leute für ein paar Monate ihre wiedererlangte Freiheit genießen. Und dafür ist Goa der ideale Ort!

Ich lieh mir einen Motorroller aus und erkundigte die bekannten Gegenden: Ich fuhr einige der beliebten Strände ab, wie den Agonda Beach weiter südlich. Die Hauptstadt Panajii war von meinem Ausgangspunkt auch leicht erreichbar. Die Einheimischen bestanden aus einem Mix aus Portugiesen und Indern. Dass man sich in Goa auch für die Rente gut zurückziehen konnte, lag auf der Hand. Als ich wieder an meiner Hütte in Arambol ankam, erkundigte ich zu Fuß die Gegend. Ich sah einen Hügel, den ich noch nicht erkundet hatte. „Da marschiere ich hoch, um den Sonnenuntergang zu bewundern", dachte ich mir. Ich setzte mich in ein Restaurant und bestellte einen Masala Chai. Neben mir war ein älterer Mann und ich hörte einen deutschen Akzent heraus, als er Englisch sprach. Wir kamen ins Reden und er lud mich ein, mich zur Gruppe dazuzusetzen. Es war ein bunter Mix aus Touristen an diesem Tisch. Das gefiel mir an Goa: ich knüpfte schnell neue Kontakte. An unserem Tisch roch es nach Cannabis - jeder Zweite hatte einen Joint in der Hand. Das war auch der Hauptgesprächsstoff der Gruppe: Sie schwärmten von der hervorragenden Qualität und dem top Preis-Leistungs-Verhältnis. Ich unterhielt mich mit dem Deutschen. Er erzählte mir, dass er sein ganzes Leben lang in Dänemark gearbeitet hatte. „Mit meiner Pension lebe ich wie ein König in Goa", verkündete er stolz. Nach dem Sonnenuntergang verabschiedete ich mich - am nächsten Tag hatte ich eine lange Busfahrt vor mir: Es ging in das zehn Stunden entfernte Hampi.

Hampi ist ein Dörfchen, welches vor allem wegen seiner atemberaubenden Natur, den beeindruckenden Felsformationen und den sehenswerten Tempeln bekannt ist. In meinem Hostel traf ich ein paar Reisende. Wir taten uns zusammen, um die Gegend zu erkunden. Untertags besichtigten wir die Tempel und gingen an einem nah gelegenen See schwimmen. Abends kletterten wir einen Berg hoch, um dort den Sonnenuntergang anzusehen. Ja - reisen und Sonnenuntergänge verhält sich so wie Pech und Schwefel! Ein Junge verkaufte Tee auf dem Berg. Und da waren sie schon wieder: Die Israelis, mit ihrer wieder erlangten Freiheit.

HAMPI

Ich reiste nach drei Tagen zurück nach Goa. Auf meinen Weg mit dem Nachtbus passierte mir etwas Unerwartetes. Kurz bevor der Bus um 18:00 Uhr abfahren sollte, aß ich frittierten Blumenkohl an einem Straßenstand. Eine schlechte Idee! Zwar überstand ich bereits mehrere Lebensmittelvergiftungen, doch der 30 Cent Blumenkohl hatte es in sich! Bereits nach wenigen Minuten verstimmte sich mein Magen. „Oh Gott, wie soll ich eine 10-stündige Busfahrt ohne Toiletten mit einer Lebensmittelvergiftung aushalten", seufzte ich frustriert. Der Busfahrer sprach kein Wort Englisch. Mein Anliegen war ihm klar zu machen, öfter eine Pause einzulegen. Er erklärte mir mit Händen und Füßen, dass ein Zeitplan einzuhalten wäre. „Da muss ich jetzt durch", dachte ich mir. Zu meiner Rettung fand ich drei Kohletabletten in meiner Reiseapotheke. Das war nicht das erste Mal in Indien, dass mir diese das Leben retteten! Ich konnte ein wenig schlafen: Als ich wieder aufwachte, war es bereits hell und das Ziel zum Greifen nah.

Als es mir besser ging, genoß ich zum letzten Mal den Strand, bevor ich nach Thailand flog. Dort traf ich einen alten Freund, der in Thailand sein Auslandssemester abhielt.

GOA BEACH

THAILAND
Dezember 2015

George, mein Freund vom selben 3.000-Einwohnerdorf, holte mich vom Flughafen ab. Wir umarmten uns und wir freuten uns auf unser Wiedersehen: „Endlich ein bekanntes Gesicht nach den vielen Fremden in Indien." Wir fuhren mit der Metro in Richtung Stadt. Ich war hungrig und George zeigte mir die Mensa. Nach einem Happen Tom Kha Gai (Nudelsuppe mit Pilzen und Hühnerfleisch) fuhren wir zum Apartment. Es befand sich in einem mehrstöckigen Haus. Es gab sogar eine Dach-terrasse mit Swimmingpool und einen Tennisplatz - kostenlos für alle Bewohner! Ich war müde nach dem Flug. Ich machte es mir in der klei-nen Küche bequem; mein Schlafplatz für meine Zeit in Bangkok.

Die Studienkolleginnen von George wollten mir als Gast etwas zeigen: ein Restaurant, in dem es das beste Pad Thai (gebratene Thai-Nudeln) der Stadt gegeben hatte. Zu unserem Glück reservierten wir einen Tisch, denn das Restaurant war voll. Auszeichnungen verschiedenster Reiseführer hingen an den Wänden. „Endlich keine Linsen und feurige Chilis mehr wie in Indien, sondern gelbe, grüne, rote Currys, Sojaspros-sen und Shrimps", ich freute mich über die Abwechslung.

Damit nicht genug - nach dem Essen fanden wir Stände mit exotischen Knabbereien für Zwischendurch: Maden, Taranteln, Heuschrecken. Ein Schweizer war vom Sortiment ebenso verblüfft wie ich. Er wettete, dass ich es nicht schaffen würde, eine ganze Tarantel zu verzehren. Ich nahm die Herausforderung an: Ich begann mit den Füßen der frittierten Spinne. Bei dem Rest, (eine zähflüssige Konsistenz ähnlich wie Kaugum-mi) half mir ein Schluck „Chang Bier", um die Wette zu gewinnen.

PAD THAI

George wollte mir das Nachtleben zeigen: Wir fuhren mit dem Taxi in die Khaosan Road. Hier gab es alles, was der liebe Gott verboten hatte: Touristen inhalierten Lachgasluftballons für den schnellen Kick und Ladenbesitzer boten uns an, bei einer „Ping Pong Show" zuzusehen. Wir erfuhren, dass es sich um Kunststücke handelte, die erfahrene Akrobatinnen mit ihren Genitalien ausführten - eine Flasche Bier öffnen zum Beispiel!

Nach dem Trubel in Bangkok flogen wir nach Krabi: Die Provinz liegt am Meer und zählt zu den beliebtesten Reisezielen Thailands. Von dort aus kann man mit dem Schnellboot andere Inseln anschauen - wie zum Beispiel die bekannten Phi Phi Inseln oder die berühmten James Bond Inseln. Die drei Nächte in Krabi verbrachten wir mit Baden, Sonne tanken und Cocktail trinken. Wir mieteten uns einen Bungalow in Strandnähe; zu meinem Bedauern kam ich zum ersten Mal mit kleinen Plagegeistern in Kontakt - Moskitos! Ein Netz über dem Bett half mich vor ihnen zu schützen. In Indien hatte ich dieses Problem nicht; dort war es zwar heiß, aber trocken-heiß.

Wir planten zur Vollmondparty nach Ko Phangan weiterzureisen: Es gab die Möglichkeit, uns mit einem Bus und anschließend per Fähre auf die Insel transportieren zu lassen. Als wir nach fünf Stunden am Hafen ankamen, begaben wir uns ins Zentrum. Ich verhandelte mit dem Hostelmanager: „Warum sind die Zimmer viermal so teuer als sonst?", fragte ich. „Das liegt daran, dass die Vollmondparty am 25. Dezember ist und 40.000 Leute Ko Phangan besuchen", meinte der Manager. Das war ein Argument - George und ich stimmten zu und buchten ein Bett in einem Schlafsaal mit acht Personen. Preis: 40 € pro Nacht. Ich träumte als Jugendlicher davon hier Party zu machen, deshalb nahm ich den vierfach höheren Preis in Kauf.

Es war der 23. Dezember und Menschen befanden sich aus allen Teilen der Welt hier: USA, Australien, Taiwan, Neuseeland. George und ich gingen am Abend zu einer Jungle Party, dort tanzten Touristen halb nackt zur lauten Musik. Vor mir tanzte eine Frau, die mein Interesse weckte: „Ich wette du kommst aus Deutschland!", sagte ich. „Nein, aber das glaubt jeder", erwiderte sie. „Dann bist du aus Schweden!", setzte ich fort. „Auch nicht, aber netter Versuch." Ich beobachtete, wie sie von mehreren Männern angetanzt wurde. Ich ging zur Bar und bestellte zwei Getränke. „Mein Name ist Clemens", stellte ich mich vor und überreichte ihr einen Wodka mit Redbull. „Danke, ich bin Nicky." Wir tanzten bis es hell wurde - dann passierte etwas unerwartetes: Nicky fragte mich, ob ich zu ihr nach Hause kommen möchte. Ich stimmte zu, doch zu meinem Ärger waren noch zwei andere Typen von der Disko dabei. Um 06:00 Uhr morgens feierten wir bei Nicky weiter. „Ich muss gehen, heute ist Weihnachten und ich habe mich mit meinem Kumpel verabredet", sagte ich zu Nicky zum Abschied. „Schade, hier ist meine Nummer, falls du noch länger in Ko Phangan bist!", sie überreichte mir einen Zettel mit ihrer Handynummer.

Am nächsten Tag war Weihnachten und George und ich gingen dem Strand entlang. Wir kamen bei einer Villa vorbei, die direkt am Strand lag - eine bessere Location gab es nicht! Die Besitzer (aus Taiwan) befanden sich an ihrem eigenen Strandabteil und luden uns ein, mit ihnen anzustoßen.

KO PHANGAN

Am nächsten Tag war es soweit: Vollmondparty! - und das am 25. Dezember mit 40.000 Leuten am Strand! George und ich fuhren mit dem Sammeltaxi zum Haad Rin Beach - der Location für die Feier. Wir fingen gemütlich an und begaben uns in eine Bar: Es war circa 18:00 Uhr und der Hauptakt kam erst viel später. Wir tranken Bier und redeten mit einem Touristen über Thailand: „Ihr müsst unbedingt in den Norden nach Chiang Mai - dort ist es weniger touristisch und die Natur ist sehenswert", erzählte uns ein Australier. Es wurde Nacht und Akrobaten spuckten Feuer am Strand; andere Akrobaten spannten eine Schnur zum Seilspringen auf. Um Mitternacht platzierten die Organisatoren einen Holzturm so groß wie ein Einfamilienhaus in die Mitte des Strandes. „Full-Moon-Party Ko Phangan", stand darauf: wenige Minuten später brannte der Turm lichterloh.

Ich kontaktierte Nicky: „Ich bin auf der Vollmondparty, bist du auch da?", fragte ich sie. „Ich bin an der letzten Bar auf dem Hügel, komm vorbei!", antwortete sie. Es dauerte 15 Minuten bis ich zu Fuß die abgelegene Bar fand. Es hatte sich mehr um eine Disko als um eine Bar gehandelt. Elektromusik erklang aus den Lautsprechern. Die Disko war bunt dekoriert - die tanzenden Leute passten vom Kleidungsstil zur Location. Ich fand Nicky tanzend auf dem Dancefloor. „Hast du schon einmal Magic Mushrooms ausprobiert?", fragte sie mich. „Magic-was?", ich wusste nicht, was sie meinte. „Hier an der Bar bekommt man für 10 € Magic Mushroom Shakes. Das macht das Tanzen intensiver. Hast du Lust einen Shake zu teilen?", fragte sie mich. Wir gingen an den Tresen und bestellten das Getränk. Der Barkeeper gab uns zwei Strohhalme: „Das wird schon nicht so stark sein, wenn jeder die Hälfte trinkt", sagte ich zu Nicky. Innerhalb von zwei Minuten war das Getränk leer. Nicky und ich tanzten Körper an Körper zur Elektromusik. Ich konnte nach wenigen Minuten spüren, wie alles intensiver wurde: der Klang der Musik, die Wärme Thailands und Nickys Schönheit. Wir schauten uns tief in die Augen: der Kuss zwischen uns entfachte ein Feuerwerk aus Glücksgefühlen!

Wir tanzten bis spät in die Nacht. „Möchtest du zu meinem Bungalow mitkommen?", fragte mich Nicky. Mit einem Mopedtaxi (wir waren insgesamt drei Leute - der Fahrer, Nicky und ich) fuhren wir um 04:00 Uhr zum Bungalow. Zu Hause angekommen rissen wir uns die Kleider vom Leib: die Magic Mushrooms zeigten ihre Wirkung! Um 07:00 Uhr musste ich aufbrechen. „Oh, nein! Meine Fähre geht heute um 09:00 Uhr zurück nach Bangkok", fiel mir ein. „Morgen fährt auch eine Fähre", meinte Nicky. Ich hatte mit George ausgemacht und musste los. „Ich bin für sechs bis neun Monate beim Reisen und es kann sein, dass ich einen Abstecher nach Hongkong mache", verriet ich Nicky, die in Hongkong wohnte. „Okay, ruf mich an, wenn du in die Nähe kommst!", wir verabschiedeten uns.

Ich musste mich beeilen; ich brauchte eine halbe Stunde zurück zum Hostel und musste zuerst ein Taxi finden. Ich hatte keine Ahnung, wo George war - ich hatte ihn auf der Party verloren! Als ich im Hostel ankam, war keine Spur von ihm. Ich rief ihn an, doch keine Chance! „Hoffentlich kommt er rechtzeitig zurück", dachte ich mir. Zwanzig Minuten später tauchte er auf. „Ich hatte eine stürmische Nacht. Ich habe ein paar Leute getroffen, die mit mir mitten in der Nacht mit einem Boot auf eine andere Insel gefahren sind", erzählte George. „Ich wäre fast vom Boot heruntergefallen - die Wellen waren meterhoch und ich konnte mich gerade noch beim Boot festhalten, ansonsten wäre ich rausgefallen", setzte er fort. „Wir kamen auf der Insel an und Leute boten mir einen Magic Mushroom Shake an; ich habe das Zeug noch nie getrunken, doch ich probierte es aus", schilderte er. „Ich habe mit einer Thailänderin am Strand getanzt. Alles intensivierte sich: der Klang der Musik, das Gefühl vom Sand zwischen meinen Füßen. Dann ging es wieder zurück auf das Festland - das war der reinste Horrotrip auf dem Boot. Ich bin froh, dass ich nicht ertrunken bin!"

Oh ja - Vollmondparty Ko Phangan und der vierfache Preis fürs Zimmer hat sich ausgezahlt!

Wir kamen in Bangkok an und mussten erstmal die Erlebnisse von Ko Phangan verdauen. Silvester stand vor der Tür: die Stimmung in den Tagen zuvor war ruhig - wir schwitzten im Fitnessstudio und erkundeten Bangkoks Märkte; und aßen dort zum ersten Mal gebratenen Frosch mit Reis. Ich genoß es, über längere Zeit einen Gesprächspartner zu haben: ich wusste, dass ich in den folgenden Ländern - Laos, Kambodscha und Vietnam allein sein würde.

Am 31.12.2015 begaben wir uns auf die Khaosan Road - und waren nicht die einzigen mit der Idee! Die Stadt war voll, so voll, dass es schwierig war im Zentrum einen freien Tisch zu bekommen; es herrschte Ausnahmezustand. Um 23:30 Uhr kam uns ein Einfall: Wir müssen uns das Feuerwerk beim „Central World Square" ansehen! Tja - mit den Taxis zu Silvester war es schwierig, auch in Thailand; aber wir fanden eines und ließen uns zum „Central World Square" bringen - das Ziel erreichten wir um zehn nach zwölf: Das hieß Silvester im Taxi. Als wir ankamen feierten 250.000 Besucher den Jahreswechsel - die Stimmung machte das versäumte Feuerwerk wett.

Ein paar Tage nach Silvester schnappten wir den Tipp des Australiers auf: Wir fuhren nach Chiang Mai! An die Kälte des Nordens musste ich mich erst gewöhnen - nach den Tagen der Hitze auf den Inseln. In Chiang Mai gab es Elefantencamps und ich muss dazu sagen: Die jahrzehntelange Tradition, nämlich Elefanten als Nutz- und Arbeitstiere einzusetzen -, war schon lange vorbei. Es gab mehrere Camps in Chiang Mai; ich wählte eines aus, wo die Tiere im natürlichen Umfeld lebten - und das „Reiten" nicht im Mittelpunkt stand. Für eine Stunde lang ritt ich mit dem Tier aus (welches zweimal so schwer war wie ein Mercedes S-Klasse) und genoß die Aussicht. Nach der Tour ging es für den Elefanten in den Stall; ich verabreichte ihm als Belohnung ein paar Streicheleinheiten - die mit einer Umarmung des Rüssels um meinen Körper erwidert wurden. Im Stall wendete sich der Elefant seiner Hauptbeschäftigung zu: Fressen - ein 3000kg schwerer Elefant frisst im Schnitt 170kg Pflanzen (reine Pflanzenfresser) am Tag, mein zweifaches Körpergewicht!

Nach der Erholung in der Natur setze ich meine Reise in Luang Prabang - Laos, fort: eine 24-stündige Busfahrt wartete auf mich!

CHIANG MAI

LAOS UND KAMBODSCHA

Jänner 2016

Nach einer langen Fahrt in Luang Prabang angekommen, wartete ein besonderes Highlight auf mich: ich wurde auf eine Hochzeit eingeladen! Es wurde gesungen und getanzt - und jede Menge gegessen (Klebreis khao niao mit Hackfleisch, Fisch, Limettensaft; sowie der scharfe Papaya Salat Som Tam) und das Fassungsvermögen einer Regentonne getrunken (viel Bier - aus Plastikbechern mit Eis!).

Am nächsten Tag bestieg ich den Mount Phousi - ich hatte eine Traumaussicht auf den zwölftlängsten Fluss der Erde, den mit rund 4500 Kilometer langen Mekong (das entspricht in etwa der Länge von Wien zum Nordpol). Mein Besuch in Luang Prabang endete mit einer Besonderheit; jeden morgen sammelten die buddhistischen Mönche Almosen - das waren bei achtzig Tempel sogar sehr viele Mönche! Der Deal war folgender: Die Einheimischen legten den Mönchen lokales Essen wie Khao Niao (wie oben erwähnt, Klebreis) oder Bananen in die mitgebrachten Schüsseln; als Gegenleistung gab es geistige Erlösung der Mönche - eine Win-Win-Situation!

MÖNCHE IN LUANG PRABANG

Weiter ging es in das 180 Kilometer entfernte Vang Vieng - einer kleinen Stadt die einst Geheimtipp, dann Backpacker-Hotspot und schließlich Party-Treffpunkt geworden ist. Letzteres vor allem wegen dem bekannten Tubing auf dem Nam Song Fluss: dabei lässt man sich mit einem aufgepumpten Schlauch eines LKW-Reifens auf dem Fluss entlang treiben. Obwohl ich allein meine Reise begann, hatte ich stets Begleitung. Unterwegs traf ich immer wieder Backpacker, mit denen ich für kurz oder lang unterwegs war; zum Beispiel ein Mann aus Bayern, mit dem ich gemeinsam tuben ging. Wir hielten bei einigen Bars an und wurden von den Restaurantangestellten mit einem Lasso an Land gezogen: Wir spielten Beer Pong und machten Schlammschlachten. Vor ein paar Jahren fielen die Partys noch wilder aus; neben Bier und Cocktails standen Substanzen, wie Opium-Tee oder Haschisch auf dem Menü. Es dauerte nicht lange, bis die Interpol eingeschaltet wurde - denn es kam zu Drogenexzessen und tödlichen Unfällen!

Meine Neugierde führte mich weiter südlich in die Provinz Champasak. Ich besichtigte Wat Phu, eine Tempelanlage der Khmer. Einst war das Heiligtum mit einer 250 Kilometer langen Verbindungsstraße mit dem Dorf Angkor in Kambodscha verbunden. Ich kam ins Schwitzen als ich die hunderten steilen Stufen der Anlage emporstieg - doch ich wurde belohnt: soweit das Auge reichte, blickte ich auf das südlaotische Festland!

Nur zwei Stunden entfernt befindet sich Si Pan Don - oder auch „4000 Inseln" genannt: Es sind circa 4000 Inseln, die aus dem Mekong (die Mutter aller Wässer) wachsen. Von meiner Holzhütte sah ich Kindern beim Spielen zu; nicht weit davon entfernt ihre Mütter, die im trüben Wasser Wäsche wuschen. Das war nichts Neues: Beim indischen Ganges (übrigens nur 2600 Kilometer lang) beobachtete ich dasselbe. Mein Hütte war mit umgerechnet nur 3 € pro Nacht ein Schnäppchen; dafür hatte ich ab Abenddämmerung mit lästigen Moskitos zu kämpfen.

4000 Inseln

Es ging weiter ins Nachbarland Kambodscha (nur 500 Kilometer entfernt - aber eine Weltreise mit dem Bus!) und landete in der Stadt Siem
Reap. Ich schlief in einem 50 Mann Hostel - Oh ja, viel Geschnarche; deshalb hatte ich immer Ohrstöpsel dabei. Die Größe des Schlafsaals
erinnerte mich an meine Zeit beim Bundesheer, aber zumindestens
hatte die Herberge ein Ass im Ärmel: einen hauseigenen Swimmingpool! Ich lieh mir ein Fahrrad aus und erkundete Angkor, das Zentrum
des historischen Khmer Königreichs. Noch vor Sonnenaufgang radelte
ich im Dunkeln mit meiner Petzel Stirnlampe zu der Tempelanlage - und
war nicht der Einzige mit der Idee; es waren dutzende Sonnenanbeter
vor mir da. Die Sonne ragte über die 1000 Jahre alten Heiligtümer
empor: Das frühe Aufstehen zahlte sich aus!

Meine Reise führte mich per Bus in die Hauptstadt Phnom Penh. Backpa-
cker erzählten mir von Dieben auf Motorrädern, die einem das Handy
aus der Hand stehlen; mir passierte zum Glück nichts. Ich kam bei einem
Kambodschaner namens Wyndy unter - er stellte für drei Nächte ein
Zimmer zu Verfügung. Teils zu Fuß, teils mit einem Motorroller zeigte
er mir seine Stadt. Als wir an einem Markt ankamen, sollte ich etwas
Typisches dieser Region ausprobieren: Balut-Eier. Ich probierte aus
Höflichkeit das ausgebrütete Ei - es schmeckte gleich eklig wie die
Spinne in Thailand!

Mein Besuch setzte mit einem traurigen Exkurs der Geschichte Kam-
bodschas fort; ich besichtigte die Killing Fields. Zum Verständnis der
Geschichte hole ich ein wenig aus: Von 1975 bis 1979 kamen die „Roten
Khmer" unter Führung des Diktators Pol Pot an die Macht. Pot wurde
durch Reisen nach China stark von dem kommunistischen Führer Mao
Zedong geprägt. Einmal an der Macht, führten die „Roten Khmer" ein
radikales Programm durch, das unter anderem die Schließung von
Schulen, Krankenhäusern und Fabriken sowie das Verbot aller Religio-
nen umfasste. Der Zweck dieser Politik war es, den sogenannten „alten
Menschen", durch landwirtschaftliche Arbeit in den „neuen Menschen"
zu verwandeln. Dieses Programm mündete in den Genozid Kambod-
schas, bei dem je nach Schätzung zwischen 750.000 und mehr als
2 Millionen Kambodschaner durch Hinrichtung in den Killing Fields,
Zwangsarbeit, Hunger und mangelhafte medizinische Versorgung ums
Leben kamen.

TEMPEL IN ANGKOR

Nach drei Tagen in Phnom Penh fuhr ich per Bus ins Nachbarland
Vietnam. Ich verbrachte über eine Woche in einem Land, das nicht auf
meiner Liste Stand - und ich würde wieder nach Kambodscha reisen!

RUINEN VON ANGKOR

KUANG-SI-WASSERFALL

VOM MEKONGDELTA ZUR HALONG BUCHT
Jänner bis Feber 2016

Ich kam in Ho-Chi-Minh-City an (ehemals Saigon) und mir fiel als erstes die unglaubliche Anzahl an Motorrädern auf; das Haupttransportmittel der Vietnamesen. Ich konnte drei Nächte bei einer Frau übernachten, die ich auf Couchsurfing kennen lernte.

BUDDHA STATUE HO-CHI-MINH-CITY

Sie zeigte mir ein wenig die Gegend; wir gingen durch einen Markt und wir sahen wie lebendige Kröten und Schlangen verkauft wurden (Delikatessen des Landes). Die Frau nahm mich zu ihrer Mutter am Land mit: Sie empfing uns zum Mittagessen und kochte Pho - eine Rindssuppe mit Rindfleisch, Gemüse und Fischsauce.

An einem anderen Tag machte ich Bekanntschaft mit einem Lehrer über Couchsurfing: „Hast du Lust für ein paar Stunden an meiner Schule Englisch zu unterrichten?", fragte er mich. „Na klar - ich bin dabei!", antwortete ich. In der Schule hielt ich eine Präsentation über meine Reisen: „In Goa lief mir eine wildgewordene Kuh am Strand nach, nur weil ich ein rotes T-Shirt getragen hatte. In Thailand wettete ein Schweizer, dass ich es nicht wagen würde, eine frittierte Tarantel zu verzehren. Bei meinem nächsten Stopp in Laos wurde ich auf eine Hochzeit eingeladen; in Kambodscha stand ich um 05:00 Uhr früh auf, nur um mir den Sonnenaufgang vor dem Angkor Wat anzusehen", erzählte ich den Kindern. Sie freuten sich - am liebsten hätten sie mich als ihren Lehrer angestellt: Doch ich musste weiter - ein Tagesausflug zum Mekongdelta wartete auf mich!

Das Mekongdelta ist ein Labyrinth aus Flüssen und schwimmenden Märkten mit einer Gesamtgröße doppelt so groß wie das Land Niederösterreich. Von Ho-Chi-Minh fuhr ich mit dem Bus für 3 Stunden in die Stadt Can Tho; dort stieg ich auf ein Motorboot und erkundete mit einer Gruppe das Mekongdelta. Wir machten Halt an einem schwimmenden Restaurant - und aßen Nudelsuppe mit Fleischbällchen (neben Restaurants gibt es auch schwimmende Lebensmittelläden). Wir fuhren in einen Kanal (ähnlich wie in Venedig) und bekamen von allen Seiten Bambusbäume zu sehen.

Nach einer Viertelstunde gingen wir an Land - die Tour setzte in einem Souvenirladen auf einer Insel fort; dort wurde uns „Gelée Royal" (Nahrung der Bienenkönigin, mit verjüngender vitalisierender Wirkung) angeboten.

MEKONGDELTA

Weiter ging es mit dem Bus nach Hoi An - die Stadt war mit all den Lampions und charmanten Gassen ein beliebtes Reiseziel in Vietnam! Hier blieb ich mehrere Tage und entspannte mich am nahe gelegenen Meer. Natürlich besteht Backpacken nicht nur aus einem Highlight nach dem nächsten: ich saß stundenlang in Bussen, um zum nächsten Ort zu gelangen! Die Zeit in Bussen verbrachte ich mit Lesen. Ich hatte einen Kindle dabei - und bildete mich mit Biografien von spannenden Persönlichkeiten fort. Das Buch „Unverkäuflich" von Bobby D. (ein Ex-Fußballprofi und Unternehmer auf den Philippinen) weckte mein Interesse: Ich las es in einem Zug am Strand von Hoi An fertig.

Mein nächster Halt: Hue, eine 350.000 Einwohnerstadt in Mittelvietnam. Der Grundstein der Stadt wurde im Jahr 1804 gelegt, als der erste Kaiser der Nguy-en-Dynastie (Gia Long) die Macht übernahm und die Hauptstadt von Hanoi nach Hue verlagerte. In Hue blieb ich für drei Nächte bei einer Familie, die ein Zimmer auf Couchsurfing anbot. Es gab dutzende Grabmäler der Kaiser der Nguy-en-Dynastie zu besichtigen, aber ich schaute mir nur eines an: das Mausoleum des zwölften Kaisers der Nguy-en-Dynastie, Khai Dinh.

Ich setzte meine Reise in der Hauptstadt Hanoi fort. Ich legte mit dem Bus die etwa 650 Kilometer zurück und muss sagen: die Busverbindungen in Vietnam waren sehr gut ausgebaut! In Hanoi gab es Läden, die Markenschuhe und Markenkleidung verkauften (High Copy Produkte, also gute Fälschungen). Ich legte mir eine Softshelljacke zu und war für das kalte Wetter ausgestattet!

Ich machte einen Tagesausflug zur wohl bekanntesten Sehenswürdigkeit Vietnams: Der Halong Bucht. In einem Gebiet, so groß wie 210.000 Fußballfelder, ragen 1969 Kalkfelsen mehrere hundert Meter aus dem Wasser - aus diesem Grund zählt die Halong Bucht zum Weltnaturerbe der UNESCO!

HALONG BUCHT

Einen weiteren Tagesausflug machte ich in das Bergdorf Sa Pa. Das Dorf ist wegen der Reisterrassen bekannt - doch aufgrund des Nebels sahen wir wenig von der Landschaft. Es regnete und es war kalt - eine ganz andere Seite von Vietnam: zwischen Sa Pa und Ho-Chi-Minh-City betrug der Temperaturunterschied 20 °C und ich war froh um meine gefälschte North Face Jacke. Wir übernachteten in einer Hütte mit einer Feuerstelle - die Einheimischen kochten uns in einem WOK ein Abendessen; danach ging es in das Bettenlager. Neben mir lag ein Mann, dessen Geschnarche so laut war, dass man ihn in Ho-Chi-Minh-City noch hören könnte!

SA PA MIT UNSEREN TOURGUIDES

Am nächsten Tag zurück in der Hauptstadt - ging ich in einem Park spazieren und sah einen Reisenden auf dem Boden sitzen. „Hey, ich bin Clemens und reise seit November durch Asien", stellte ich mich vor. „Mein Name ist Bob und ich komme aus Holland - ich reise seit einem Jahr", sprach der Mann auf dem Boden. WOW - Eine lange Zeit! „Was machst du auf dem Boden mit den Fotos?", fragte ich Bob. „Ich biete Reisefotos gegen eine freiwillige Spende an. Die Leute finden gefallen an meiner Reise und unterstützen mich gerne, indem sie gegen eine Spende ein Foto von mir erhalten", sagte er. Ich bewunderte Bobs Einfall: „Wenn ich knapp bei Kassa bin, mache ich das auch!", sagte ich zu Bob.

Ich musste mich beeilen - denn ich hatte in drei Tagen einen Flug von Da Nang (14 Autostunden von Hanoi entfernt) nach Hongkong gebucht. Ich schrieb Nicky eine Whatsapp: „Hey, ich fliege in drei Tagen von Da Nang nach Hongkong. Hast du Lust, auf ein Treffen?", schrieb ich Nicky. „Klar, schreib mir, wenn du da bist, es kann sein, dass ich untertags arbeiten muss - aber wir können uns bestimmt am Abend treffen!", antwortete sie.

Es war mein letzter von insgesamt 30 Tagen in Vietnam. Als Belohnung für die langen Busfahrten gönnte ich mir ein Schlammbad: es gibt dafür eigene Spas in Da Nang. Schlamm mit Minzaroma kommt in eine Wanne und man badet darin. Danach lässt man den Schlamm zehn Minuten einziehen: Ein wahrer Jungbrunnen!

FELDARBEIT

HONGKONG UND MACAU
Feber 2016

Das „New York Asiens" oder auch Hongkong genannt: für die nächsten sieben Tage mein zu Hause! Mit sieben Millionen Einwohnern ist Hongkong eine Weltstadt und eine Sonderverwaltungszone Chinas. Am Flughafen kaufte ich mir ein Metroticket - zuerst mit der Metro, dann mit dem Bus fuhr ich zu der Adresse, die ich mit Luis, - meinem Gastgeber, ausgemacht hatte. Wir trafen uns im Zentrum: Luis war mit Freunden unterwegs, es war Wochenende und sie gingen aus. „Hey Clemens - schön dich zu sehen und willkommen in Hongkong. Heute ist der Geburtstag eines Freundes. Magst du etwas trinken?", fragte mich Luis. Ich war froh, dass ich nie Mühe hatte, für ein oder zwei Nächte eine Unterkunft zu finden. Denn neben dem kulturellen Austausch konnte ich mir viel Geld für Hostels sparen. „Hey, danke für die Einladung und gerne - ein Bier bitte", antwortete ich. Ich hätte mich am selben Abend mit Nicky treffen können - doch ich wollte nicht mit der Tür ins Apartment fallen und erstmal in Hongkong ankommen. Luis lebte etwas außerhalb des Zentrums, im Norden, nahe der chinesischen Grenze. Der Großteil der Einwohner Hongkongs sind, so wie Luis, chinesischer Abstammung.

Cindy - eine Kantonesin (Name der Einwohner Hongkongs) fand über mein Couchsurfing Profil heraus, dass ich in Hongkong bin. „Möchtest du mit mir etwas typisch Chinesisches essen gehen?", fragte sie mich über den Chat. „Ja, sehr gerne - wo wollen wir uns treffen?", fragte ich. Cindy hat mir daraufhin die GPS-Daten eines Restaurants im Zentrum geschickt. Im Restaurant schlug ich die Karte auf: „Du musst bitte übersetzen - ich kann kein kantonesisch! Außer Hund ist mir alles recht!", scherzte ich. „Vertrau mir einfach, ich bestelle das Essen für uns. Du wirst es lieben!", antwortete Cindy.

Der Kellner kam als erstes mit einer Portion Reis. Es folgten Ente süß-sauer (anders zubereitet als in Europa) und ein Gericht, das ich nicht kannte. „Ente kenne ich, aber was soll das für ein Gericht sein?", fragte ich Cindy. „Oh, das ist eine Spezialität, das sind eingelegte Entenfüße, ich liebe es!", meinte Cindy überzeugend. Ich wagte mich an den Entenfuß, der von der Erscheinung an eine Hand erinnerte und ahmte Cindy nach: Sie zuzelte wie bei einer Weißwurst an dem Entenfuß. Und tatsächlich:

es schmeckte!

Nach zwei Nächten musste ich mich von Luis verabschieden. Ich rief
Nicky an: „Treffen wir uns heute Abend auf ein Getränk?", fragte ich sie.
„Ja, wir können uns bei meinem Apartment treffen - ich wohne mitten
im Zentrum!" Ich fuhr mit der Metro zu ihrer Wohnung. „Das ist aber
eine kleine Wohnung - die muss günstig sein!", sagte ich. „Wenn du wüss-
test, wie hoch die Mieten hier sind, dann würdest du dir dieses Apartment mit einem europäischen Gehalt nicht leisten können!", konterte
Nicky. In der Tat fand ich heraus, dass die Mietpreise Hongkongs zu den
höchsten der Welt gehören. Ich habe mit Leuten gesprochen (Gastar-
beiter aus Malaysia oder den Philippinen), die zu viert,- sechst oder acht
wegen der hohen Mietpreise in einem Apartment von Nickys Größe
wohnten. „Ich habe noch keine Unterkunft für heute Nacht gebucht -
kann ich den Rucksack hier stehen lassen, bis wir wieder zurückkom-
men?", fragte ich Nicky. „Zum Ausgehen wirst du ihn wohl nicht mitnehmen, also lass ihn hier", meinte Nicky. Wir gingen thailändisch Essen - zur
Erinnerung an die Zeit von Ko Phangan - danach spielten wir Billard in
einer Bar. Für ein Bier in Hongkong hätte ich mir zehn Bier in einer Bar in
Vietnam bestellen können, als Relation. Nicky verdiente gut: Als Neuseeländerin passte sie auf die Kinder reicher chinesischer Familien auf und
brachte ihnen Englisch bei. Nicky zeigte mir ein Dachterrassen-Lokal -
mit einer Aussicht auf die Stadt, dass ich mir kurz überlegte nach Hongkong zu ziehen! Es waren viele Ausländer in Anzügen und Krawatten in
der Bar; Hongkong ist eben ein Schauplatz für Banker und Börsenmak-
ler.

Ich hatte an dem Abend keine Unterkunft gebucht: es war von Anfang
an klar, dass ich bei ihr übernachten würde. Nicky und mich verband
etwas, dass sich nicht leicht in Worte fassen lässt: Zwei Menschen, aus
den verschiedensten Teilen der Erde - vielleicht bestand gerade darin
die Anziehung zwischen uns? Schließlich braucht der Nordpol als
Ergänzung den Südpol.

Nicky arbeitete untertags - ich machte einen Tagestrip nach Macau.
Die Stadt (ebenfalls Sonderverwaltungszone Chinas) liegt 50 Kilometer
westlich von Hongkong und war bis 1999 eine portugiesische Kolonie.
Ich erreichte Macau mit der Fähre. Die Stadt kann man sich wie Las

Vegas vorstellen: Glücksspiel ist erlaubt, im Gegensatz zu China! Ich ging in das Casino „The Venetian" und beobachtete die Spieler: sie hatten Chips im Wert eines Porsche 911 vor sich, das untertags, während der Woche!

Am Abend fuhr ich wieder zurück nach Hongkong: es war meine letzte Nacht bevor es auf die Philippinen weiterging. Zum Abschied machte Nicky mit mir eine Hongkong Tour: Zuerst sind wir zu ihrem Lieblings-lokal Essen gegangen und danach tranken wir Cocktails in einer Bar, in der unsere Rechnung so viel ausmachte wie das Durchschnittsgehalt in Vietnam. Wir feierten bis zur Morgendämmerung. Es war Wochen-ende und Nicky hatte frei - doch ich konnte nicht ausschlafen, denn ich musste meinen Flug auf die Philippinen (Cebu) rechtzeitig erwischen. „Werden wir uns wiedersehen?", fragte mich Nicky. „Ich hasse Abschie-de - lass uns sehen, was das Schicksal für uns bereit halten wird!"

SKYLINE VON HONGKONG

DIE PHILIPPINEN
März 2016

Ich landete auf den Philippinen: Genauer gesagt, in Cebu. Auf den Philippinen gibt es circa 7000 Inseln - daher ist es ein Paradies für Taucher und Schnorchler. Ich kam am Flughafen an und fuhr mit einem Tuk-Tuk zu meiner Unterkunft: Ralph und seine Mitbewohnerin begrüßten mich und wir tranken zum Empfang eine Flasche „Red Horse Beer". Danach legte ich mich ein wenig aufs Ohr - ich war schlapp von den Partys in Hongkong und benötigte eine Pause. Eine Reise ist nicht zu unterschätzen: aufgrund der vielen Eindrücke, die täglich auf mich einprasselten, war es sehr kräftezehrend! Vor allem die Art zu reisen, wie ich es betrieben hatte, nämlich zusätzlich zu neuen Orten - täglich neue Leute kennenzulernen! Es ist als Backpacker wichtig, auf sich und seine Gesundheit zu achten - und lieber einmal öfter Nein zu sagen!

„Clemens, hast du heute Abend Lust auf ein Couchsurfing-Treffen zu kommen?", fragte mich Ralph. Zuerst verneinte ich: „Nicht schon wieder Mojitos und Party", dachte ich. Doch ich verspürte einen Impuls mitzukommen: „Ich bin dabei!", sagte ich zu Ralph. Es war ein zweistöckiges Haus und es wurde Salsa getanzt. Touristen von der ganzen Welt waren bei dem Event, um Kontakte zu knüpfen. Das Gute an den Philippinen: Fast jeder kann Englisch im Gegensatz zu Thailand und Laos. Ich habe mich mit ein paar Filipinos unterhalten. „Ich bin für 16 Tage auf den Philippinen, hast du Tipps für mich?", fragte ich Jay (der ebenfalls wie Ralph Leute bei sich zu Hause aufnahm). „An deiner Stelle würde ich unbedingt nach Oslob fahren - dort kannst du mit Walhaien schnorcheln!", kam als Antwort. Ich nahm meinen Notizblock aus der Hosentasche und notierte mir Oslob: „Die Walhaie schaue ich mir an!"

STRAND, MEER UND HÄNGEMATTE

Es war 23:00 Uhr: Ich saß auf der Terrasse und trank den Rest meines Mojitos aus. Ralph befand sich in der Bar und tanzte Salsa. „Wo bleibt der so lange, ich bin müde und möchte schlafen", sagte ich genervt. Ich ging in das Lokal und ich wollte Ralph holen. Vom ersten Stock kam ein Mann die Treppen herunter - er kam mir bekannt vor. Beim Anblick des Mannes fiel mir das Buch „Unverkäuflich" von Bobby D. ein, das ich in Vietnam las. „Das kann nicht sein, dass das Bobby D. ist!", sagte ich zu mir. „Das wäre der größte Zufall meines Lebens!" Es kam mir lächerlich vor, ihn zu fragen, ob er wirklich Bobby D. wäre, doch ich gab mir einen Ruck: „Entschuldigen Sie! Mein Name ist Clemens und ich mache gerade eine Weltreise. Vor ein paar Wochen las ich ein Buch mit dem Titel „Unverkäuflich" - der Mann auf dem Buch schaut genauso aus wie Sie!", sagte ich zu ihm. „Hallo, ja, das bin ich!", kam als Antwort. „Das ist ein Phänomen! Wie klein ist die Welt! Was machen Sie auf den Philippinen?", fragte ich Bobby. „Ich lebe mittlerweile hier. Ich mag das Klima und die Leute. Ich habe eine „Rattanmöbelfabrik" in Cebu und deshalb bin ich gerne in dieser Bar", antwortete Bobby D.

Ralph kam schließlich vom ersten Stock herunter. „Ralph, das ist Bobby D., der Autor des Buches „Unverkäuflich" - ich habe es vor drei Wochen in Vietnam gelesen. Und heute treffen wir uns auf den Philippinen! Kannst du das glauben?" Ralph stellte sich Bobby vor und sie unterhielten sich ein wenig über Cebu. Nach einem Erinnerungsfoto verabschiedeten wir uns von Bobby. „Wenn das kein guter Start auf den Philippinen ist!", sagte ich zu Ralph auf dem Heimweg.

Am nächsten Tag zeigte mir Ralph die Stadt. In Cebu war es hektisch: Geschrei durch die Märkte, Gestank durch die Motorräder und Tuk-Tuks - keine Stadt um länger zu verweilen! Ralph sprach davon, seine Mutter in Bacolod (einer anderen Insel) zu besuchen. „Hast du Lust mit mir mitzukommen? Wir könnten auf den Weg nach Bacolod andere Inseln besuchen, Apo Island oder Siquijor", merkte Ralph an. „Klar - ich bin dabei!", ich zögerte nicht lange.

Unser erster Stopp: Oslob, 3 Stunden im Süden -, der Ort, den mir Jay zur Besichtigung der Walhaie empfahl! Wir fuhren mit dem Bus - als wir ankamen, kaufte ich für Ralph und mich ein Ticket und wir fuhren mit einem Boot ein paar Hundert Meter ins Meer hinaus. Etwas Angst hatte ich schon: Die Tiere sind im Schnitt 6,3 Meter lang - aber, die Angst war unbedenklich, denn Walhaie ernähren sich nur von Plankton und Kleinstlebewesen. Das Boot machte Halt und wir sprangen mit Schnorchel und Taucherbrille ins Meer. Mein Herz raste gleich schnell wie der Rennwagen von Luis Hamilton, wenn er einen Streckenrekord aufstellt. Die sanften Riesen waren uns nur wenige Zentimeter entfernt, zum Streicheln nah! Nach einer Viertelstunde ging es wieder ans Land. Ralph und ich kauften uns erstmal eine Kokosnuss zum Runterkommen.

Nach dem Mittagessen fuhren wir mit dem Boot nach Apo Island. „Ich habe gehört, in Apo Island kommen Riesenschildkröten nah an die Küste. Ich habe meine GoPro dabei - für den Fall, dass wir welche sehen!", erzählte mir Ralph voller Freude. Nach der Ankunft machten wir uns auf die Suche nach einer Unterkunft für die nächsten zwei Nächte. Wir fanden ein Holzhaus - wir mussten aufpassen, wo wir hintraten, Teile des Bodens waren morsch: doch für 200 Peso (circa 3 €) pro Nacht ein Schnäppchen. Wir konnten es kaum erwarten die Schildkröten zu sehen. Wir packten unsere Sachen und gingen zum Strand.

Bereits ganz nah an der Küste bekamen wir die Riesenschildkröten zu Gesicht: Ralph hatte recht - die Schildkröten kamen gleich nah heran wie die Walhaie in Oslob. Ralph machte eine Aufnahme, wie ich einer Schildkröte - mit einem Kopf so groß wie ein Volleyball, ins Gesicht sah. Ich hatte Glück, dass ich nicht von ihr gebissen wurde: anscheinend können diese Tiere ziemlich aggressiv werden, wenn man sich ihnen zu sehr nähert!

SCHNORCHELN AUF APO ISLAND

Nach zwei Nächten in Apo Island fuhren wir mit dem Boot nach Siquijor. Ralph und ich übernachteten bei einer Philippinerin, die ein interessantes Profil auf Couchsurfing hatte - doch mit wenigen Bewertungen! Da wir zu zweit waren, war das Risiko eher gering, dass uns etwas zustoßen könnte. Wir kamen am späten Nachmittag mit der Fähre an und die Frau empfing uns am Hafen. „Habt ihr Lust etwas essen zu gehen? Ich bin hungrig! Möchtet ihr die besten Meeresfrüchte der Insel probieren?", fragte die Frau, gleich nach der Begrüßung. Wir schlugen uns mit Meeresfrüchten und Reis die Bäuche voll und spazierten im Anschluss zu ihrem Haus. „Keine Angst - wir gehen gleich durch einen Park. Hier gibt es Straßenhunde, die werden bellen! Ich regele das schon!", sagte die Frau. Wir kamen in den Park - es war dunkel und es gab keine Beleuchtung, nur das Handylicht half uns etwas zu sehen. Sie hatte recht: mehrere Hunde fingen an zu bellen. Die Frau bückte sich und hob Steine vom Boden auf - sie warf sie in Richtung der Straßenhunde: es wurde still!

Bei ihrem Haus angekommen, zeigte sie uns unsere Schlafmöglichkeiten. Sie führte mich in ihr Schlafzimmer: „Du kannst hier schlafen!", sagte die Frau. „Oh, danke - wo schläfst du, wenn ich in deinem Schlafzimmer schlafe?", fragte ich verwirrt. „Ich gehe heute Abend mit Freundinnen aus und komme erst in der Früh zurück! Bis dahin hast du das Bett ganz für dich allein", schmunzelte sie. „Danke für das Angebot, aber ich bevorzuge ein Bett für mich allein!", kam als Reaktion. Es stand ein Bett auf dem Flur und ich machte es mir dort zurecht.

Danach stellte uns die Frau ihren Mitbewohner vor. Wir gingen auf den Balkon: Dort saß ein Mann mit Brille, der auf einem Auge stark schielte, in einem grellen Neonlicht. Es war ein gruseliger Anblick. „Hi, mein Name ist Alexandre, willkommen in Siquijor!", begrüßte uns der Mann mit einem französischen Akzent. Nach der Vorstellungsrunde gingen Ralph und ich in die Stadt. „Das Haus und die Leute sind sogar für philippinische Verhältnisse dubios. Was macht der Franzose bei dieser Frau, ein Paar sind die nicht?", fragte mich Ralph verwundert. „Die Situation mit den Hunden im Park hat mir Angst eingejagt - wenn mich einer beißt, kann ich die Heimreise nach Österreich antreten!", erwiderte ich. Nach ein paar Drinks kehrten wir zu unserer Herberge zurück und gingen schlafen.

Mein Bett war im ersten Stock: ich wachte um circa 04:00 Uhr auf, weil ich Geräusche hörte. Im Erdgeschoss sprachen Leute; ich hörte, wie jemand mit Stöckelschuhen die Holztreppe hochkam. Ich hatte meine Augen geschlossen und tat so, als ob ich schlafen würde. Eine Frau sah mich von oben an: Mein Herz pochte! Sie dachte, dass ich schlafe - da riss ich auf einmal die Augen auf! „Oh, tut mir so leid! Ich wollte dich nicht aufwecken! Ich hab nur gehört, dass du aus Österreich bist und ich habe noch nie einen Österreicher gesehen!", sprach die Frau zu mir. „So sieht ein Österreicher um 04:00 Uhr nachts aus!", antwortete ich. „Hast du Lust als Wiedergutmachung mit uns zu frühstücken? Wir sind im Erdgeschoss und haben etwas von KFC eingekauft. Komm mit hinunter!", drängte die Frau. Ich stimmte zu und fand fünf top-aufge-stylte Ladys mit einem Burger in der Hand in der Küche vor - mitten in der Nacht! „Wohin seid ihr ausgegangen?", fragte ich die Gruppe. „Wir waren in der „Why Not Bar", da gehen wir jeden Montag aus", antworte-te die Gastgeberin. Nach dem kurzen Frühstück legte ich mich wieder schlafen. Ich erzählte Ralph von dem Ereignis. „Die ist um 04:00 Uhr hochgekommen und hat mich wie eine Verrückte angestarrt!", teilte ich ihm mit. „Was wollte die von dir?", fragte mich Ralph. „Ich habe keine Ahnung - ich weiß nur, dass wir von hier abhauen sollen, so schnell wie möglich!", sagte ich zu ihm. Ich googelte den Namen „Why Not Bar" - und fand heraus, dass es sich um ein Lokal handelte, wo sich philippinische Prostituierte mit Ausländern trafen. „Die Frauen sind Prostituierte!", sagte Ralph. „Und der skurrile Franzose ihr Zuhälter!", setzte er fort. „Nichts wie weg von hier!"

Unsere Reise ging nach Bacolod weiter. Dort übernachteten Ralph und ich bei Gemini, einem erfolgreichen in der Computerindustrie tätigen Philippiner. Er war kurz davor, mit seiner Familie von den Philippinen nach San Francisco auszuwandern. Dieser Mann war einer der cools-ten Gastgeber überhaupt und machte das seltsame Erlebnis seiner Vorgängerin in Siquijor wieder wett. Zusammen fuhren wir zu heißen Quellen oder Freizeitparks und egal, was wir zusammen machten: Gemini bestand darauf, alle Kosten zu übernehmen! Am Abend gingen wir zusammen philippinisch Essen und er zeigte uns die besten Restau-rants seines Ortes.

RALPH UND ICH IN BACOLOD

Nach zwei Nächten besuchte Ralph seine Mutter in Bacolod-Stadt, vier Stunden von Geminis Unterkunft entfernt. Währenddessen zeigte mir Gemini eine Besonderheit seiner Gegend: Eine Kokosplantage, wo durch Fermentation der Kokosnüsse ein alkoholhaltiges Getränk hergestellt wurde. Der Besitzer gab uns eine Führung und zeigte uns, wie er geschickt die Palmen hochkletterte, um die Kokosnüsse zu ernten. Anschließend gab es eine Verkostung: Das Getränk hatte Ähnlichkeit wie das Herbstgetränk „Sturm"!

Geminis Tour war damit nicht zu Ende: Es ging zum Nationalsport der Philippiner weiter, dem Hahnenkampf! „Hast du bei meinem Nachbarn die große Mauer ums Haus gesehen?", fragte mich Gemini. „Die ist mir aufgefallen - ich dachte mir, der wird viel Geld haben und benötigt als Sicherheit diese Umzäunung!", antwortete ich. „Nein, das denken viele. Der Grund ist ganz ein anderer. In den Philippinen geht es bei den Hahnenkämpfen um viel Geld. Erstens wird in der Arena auf die Hähne gewettet. Zweitens bekommt der Züchter des Gewinnerhahns eine Siegerprämie. Damit der Hahn vom Züchter nicht gestohlen wird, dient als Sicherheitsvorkehrung eine Mauer so hoch wie ein Kirchturm", erklärte mir Gemini.

Wir betraten die Arena. „Bei uns ist im Fußballstadion dieselbe Stimmung wie bei euch bei einem Hahnenkampf", merkte ich an. „Das ist unser Fußball!", antwortete Gemini. Ein Mann mit Geldscheinen in der Hand ging durch die Reihen und animierte die Zuseher zum Wetten. Die Züchter befanden sich mit ihren Hähnen im Ring. Drumherum befand sich als Sicherheitsvorkehrung eine Glaswand. „Es kommt nicht auf die Größe an. Siehst du die Klinge an dem Fuß? Es kommt darauf an, wie gut sie mit der Klinge umgehen können, wenn sie aufeinander losgelassen werden", wusste Gemini. Bald darauf ging es los: die Züchter stachelten die Hähne zum Kampf an. Die Aggressivität war ihnen anzusehen - dann ließen sie die Hähne frei. Die Hähne gingen aufeinander los - als wäre es ihre Bestimmung wie die Gladiatoren des alten Roms gegeneinander zu kämpfen. Nach einer Minute war Schluss: der Siegerhahn prahlte mit erhobener Brust vor dem Publikum, der Verlierer lag regungslos am Boden. „Ist der tot?", fragte ich Gemini. „Der ist nicht tot, der ist nur erschöpft, der wird sich wieder erholen", wusste Gemini.

Nach einer Nacht kam Ralph wieder zu Geminis Unterkunft zurück. „Es heißt wohl Abschied nehmen. Ich habe bereits einen Flug nach Singapur gebucht. Das ist die beste Couchsurfing Erfahrung seit Beginn meiner Reise gewesen!", lobte ich Gemini. „Es ist mir ein Vergnügen gewesen, euch als Gäste bewirtet zu haben. Ich habe mich noch einmal ins Zeug gelegt - ihr seit die letzten Gäste, bevor es mit meiner Familie in die USA geht!", sagte Gemini zum Abschied.

Ralph und ich fuhren mit dem Boot zurück zum Ausgangspunkt nach Cebu. Meine 16 Tage neigten sich dem Ende zu. An meinem letzten Abend luden Ralph und seine Mitbewohnerin Freunde für eine Abschiedsfeier ein. „Wenn ich zurück in Österreich gefragt werde, was mein Lieblingsland ist - und ich werde bestimmt danach gefragt, dann ist es euch zu verdanken, dass ich „die Philippinen" nenne werde!"

SONNENUNTERGANG IN SIQUIJOR

SINGAPUR
März 2016

Willkommen in Singapur - ein Stadtstaat, der mit elf Millionen Touristen pro Jahr, zu den meistbesuchten Städten der Welt zählt. Ich blieb für drei Nächte in der Metropole -, und Couchsurfing sei Dank, musste ich nichts für Hostels bezahlen! In Singapur hatten sich komische Charaktere auf Couchsurfing herumgetrieben: Ich las Profile, in denen stand, man darf nur nackt in der Wohnung herum laufen! Nichts für mich - ich suchte weiter. Ich fand einen Gastgeber mit malaysischer Abstammung, er hieß Elyas - er wirkte normal und bot mir ein Zimmer für drei Nächte an. Das Besondere an Singapur ist, dass viele unterschiedliche Völker auf engstem Raum friedlich miteinander zusammen leben: Moscheen, Little India, Chinatown - alles nur einen Katzensprung entfernt! „Gut, dass es Google Maps gibt", sagte ich zu mir, als ich mich vom Flughafen zur Adresse von Elyas begab. Ich klingelte an der Adresse: „Hey ich bin Clemens vom Couchsurfing. Ich habe mit Elyas ausgemacht", sprach ich in die Lautsprecheranlage. „Hey - ich bin Elyas. Komm in den dritten Stock!", sagte er zu mir. Ich stellte meinen Rucksack in mein Zimmer und ging erst einmal duschen.

„Hast du Hunger? Ich könnte dir Little India zeigen und wir können dort etwas essen gehen!", meinte Elyas. Wir fuhren mit der Metro zur Serangoon Road in Little India. „Ich bin fünf Wochen in Indien gewesen und habe mir mit dem Essen ein paar Mal den Magen verdorben. Hoffentlich passiert mir das hier nicht!", sagte ich zu Elyas. „Keine Angst, wir sind in Singapur - einer der reichsten Städte der Welt. Kein Vergleich zu den Standards in Indien!", betonte Elyas.

Am nächsten Tag war der 17. März, das heißt: Saint Patrick's Day! Ich nahm bei einer Parade durch die Stadt teil -, die irische Gemeinschaft spielte mit Dudelsäcken, währenddessen wir durch die Stadt marschierten. Im Anschluss gingen wir in ein Irish Pub: Guiness und Whiskey flossen zum Gedenktag des irischen Bischofs Patrick in Strömen!

MARINA BAY SANDS

Elyas wollte mir einen der vielen Gärten Singapurs zeigen. „Du musst unbedingt den „Gardens by the Bay" sehen. Der Garten beherbergt über 1,5 Millionen Pflanzen aus allen Kontinenten der Welt, außer der Antarktis!", wusste Elyas. Nach der Besichtigung sind wir zum Mittagessen in das „Newton Food Centre" gefahren: einem Bazaar aus 100 verschiedenen Essensständen.

Am Nachmittag erkundigte ich allein die Stadt und kam bei einem Park vorbei: dort gab es einen Bereich mit einem Hundeparcour. Nicht nur Hunde kamen in dem Park auf ihre Kosten: ich sah Männer die mit Papageien Gassi gingen! Es wirkte wie ein großer Streichelzoo. „In Österreich habe ich noch nie einen Hundeparcour in einem öffentlichen Park gesehen!", teilte ich einer Hundebesitzerin mit. „Das ist nur heute so. Es findet ein Wettbewerb statt. Danach wird der Parcour wieder abgebaut", klärte mich die Besitzerin auf. Neben dem Parcour gab es einen Swimmingpool, in dem die Hunde badeten - der Ort war ein Eldorado für Hunde. Ich blieb eine Weile im Park und schaute zu, wie die Hunde die Hindernisse des Parcours meisterten.

An meinem letzten Tag ging ich zur Marina Bay: Von dort aus hatte ich eine grandiose Aussicht auf die Skyline der Stadt. Eines der Wahrzeichen ist das „Marina Bay Sands", ein Luxushotel, welches von der Architektur her an ein Schiff erinnerte. Am späten Nachmittag ging mein Flug nach Denpasar Bali. Ich verabschiedete mich bei Elyas. „Du bist willkommen, falls du dir einmal die Heimat Mozarts ansehen möchtest!", sagte ich zu ihm.

Am Check-In Schalter am Flughafen kam es zu Komplikationen: „Haben Sie ein Ausreiseticket aus Bali, Sir?", fragte mich die Dame vom Check-In. „Äh, nein - aber ich bleibe für drei Wochen!", sagte ich zu ihr. „Es ist nämlich so, dass Sie nicht fliegen können, wenn sie kein Ausreiseticket vorweisen. Die Behörden von Indonesien verlangen ein Ticket!", klärte mich die Frau auf. Ich buchte also ein Ticket von Bali zurück nach Singapur. Das Geld war zwar weg, weil ich den Flug nicht stornieren konnte, doch zumindest konnte ich in Bali einreisen.

PAPAGEIENSPAZIERGANG

BALI

März bis April 2016

Ich kam in der Nacht in Bali an: bereits als ich aus dem Flugzeug aus-
stieg, konnte ich die Magie dieser Insel spüren! Ras, mein Gastgeber,
holte mich mit einem Motorroller vom Flughafen ab. Die ersten Nächte
verbrachte ich in Kuta, zehn Minuten vom Flughafen entfernt. Der Ort
hat zwar einen langen, großen Sandstrand - ist aber sehr touristisch.
Australier erzählten mir, dass Flüge nach Bali günstiger wären, als in
Australien von einer Küste zur anderen zu fliegen (von Sydney nach
Perth zum Beispiel). Ras arbeitete als Entertainer - er kannte viele Leute in Kuta und gab mir Tipps für Restaurants und Bars. „Übermorgen
heiratet ein Freund von mir. Ich hab ihm gesagt, dass ich einen Gast
aus Österreich hier habe. Er hat gemeint, du bist auch auf der Hochzeit
eingeladen!", erzählte mir Ras beim Essen. „Das ist bereits meine zweite
Hochzeit auf meiner Reise - bereits in Laos bin ich auf einer Hochzeit
gewesen. Es ist eine Ehre dabei zu sein!", teilte ich Ras mit.

Die Hochzeit unterschied sich zur Hochzeit in Laos: erstens war es ein
geschlossener Saal (in Laos war die Hochzeit im Freien, unter Dach);
zweitens war ich als Tourist nicht allein - das Brautpaar hatte Freunde
aus Australien und Thailand zu Gast. Zur Feier ließ das Brautpaar „Babi
Guling" zubereiten - ein Spanferkel, leuchtend orange, (die Würzung
besteht aus Kokosöl und Kurkuma) im Ganzen gegrillt. Nach dem Essen
betrat Ras die Bühne und moderierte den Abend: Er gratulierte dem
Brautpaar zur Vermählung und sang im Anschluss balinesische Hoch-
zeitslieder.

Meine Balireise setzte in Canggu fort. Ich mietete ein Apartment für
eine Woche: ich merkte, dass ich eine Pause brauchte. Ich ging zum
Strand und schaltete ab - fern von der Hektik der Großstädte und den
Menschenmengen. Hier erwartete mich ein Surfer Paradies: Ich nahm
Einzelstunden und konnte relativ schnell auf dem Brett stehen. Es kann
sein, dass Stunden vergehen, bis man eine Welle erwischt! „Du Idiot bist
mir in die Quere gekommen - das ist meine Welle!", ich habe mitbekom-
men, dass Surfer so mit Anfängern redeten, als diese ihnen im Weg
standen.

HOCHZEIT IN KUTA

In Canggu fanden täglich Partys statt. Der „Surflifestyle" lautete: Surfen am Tag, Feiern in der Nacht. In Canggu traf ich nicht nur Touristen aus Australien, sondern dieser Ort war für Touristen weltweit beliebt; Deutsche, Schweden, Amerikaner, es lockte sie alle zum Surfen nach Canggu.

Nach der entspannten Woche am Surferhotspot ging es mit dem Boot weiter auf die Gili Inseln. Es gibt insgesamt drei Stück: Gili Trawangan, Gili Meno und Gili Air. Die Inseln sind kurz vor Lombok; wenn man sich in Indonesien aufhält, sollte man wissen, dass die Menschen dem Islam angehören. Bali ist aber die Ausnahme: Hier besteht der überwiegende Teil der Bevölkerung aus Hindus. Aufgrund des Glaubens finden auf Bali regelmäßig religiöse Zeremonien statt. Bei einer nahm ich teil und ich konnte mitansehen, wie sich die Einheimischen in ihren traditionellen Kleidern zur Schau stellten!

Nachdem ich in Gili Trawangan ankam, fiel mir auf, dass es hier keine Autos, sondern Kutschen als Beförderungsmittel gab; doch nicht nur das - Gili Trawangan ist auch ein Paradies für Schnorchler und Taucher.

Apropos Tauchen: In Amed, nord-östlich von Bali, fand ich eine Tauchschule, die sich auf eine spezielle Gattung des Tauchens spezialisierten: dem Apnoetauchen (Tauchen ohne Sauerstoff). In einem zweitägigen Kurs lernten wir für drei Minuten die Luft anzuhalten! „Ihr habt viel mehr Sauerstoff im Körper, als ihr glaubt! Es ist nur der Reflex, der euch nach Luft schnappen lässt", lehrte uns der Tauchlehrer. Er schloss ein Gerät bei unserem Zeigefinger an; anschließend legten wir uns auf eine Matte und hielten die Luft solange an, wie wir konnten. Was uns das Gerät zeigte? Dass sich noch mehr Sauerstoff im Körper befand! „In der Tiefe des Meeres ist es wichtig, kontrolliert zu bleiben. Die besten Apnoetaucher sind Yogis. Meditation und Atemübungen fördern das Zusammenspiel von Körper und Geist", setzte der Tauchlehrer fort. Nach der Theorie sprangen wir ins warme Wasser: Die Herausforderung bestand darin, zehn Meter an einem Seil entlang zu tauchen. Die Komplikation war, zusätzlich zum Luft anhalten und Tauchen, Meter für Meter einen Druckausgleich durchzuführen, damit unsere Ohren nicht zerplatzten!

ZEREMONIE AUF BALI

Mein letzter Halt in Bali? Ubud, das kulturelle Herz der Insel. Als erstes sah ich mir ein Affenschutzgebiet an: der Wohnort von 1200 Affen, (für mich nichts Besonderes, in Indien sah ich Affen in Hülle und Fülle) die den Touristen die Jause aus der Hand stahlen. Ich hatte drei Nächte Zeit, bevor ich meine Reise ins 7.000 Kilometer entfernte Christchurch, Neuseeland fortsetzte.

Am nächsten Tag besuchte ich den „Saraswati Tempel"; ein Tempel zu Ehren der Hindu-Göttin Saraswati - der Göttin des Lernens, der Literatur und der Kunst! Zum Abschluss gönnte ich mir eine Yoga-Einheit: „Wer weiß, wie oft ich in Neuseeland zum Yoga komme?", waren meine Gedanken während den Asanas.

SONNENUNTERGANG AUF GILI TRAWANGAN

NEUSEELAND
April bis Mai 2016

Was für ein Gefühl, am anderen Ende der Welt angekommen zu sein! Neuseeland kannte ich vor allem aufgrund der atemberaubenden „Herr der Ringe" Landschaften, den Ureinwohnern - den Maoris und wegen der Rugby Mannschaft „All Blacks". Die Neuseeländer, die auch „Kiwis" genannt werden, sollen ein naturverbundenes Volk sein: Das weckte mein Interesse!

Ich landete in Christchurch und fuhr mit dem Bus zu meinem Gastgeber Ian. Ian war 70 Jahre alt und entfloh seiner Einsamkeit, (er war pensionierter Feuerwehrmann) indem er Leute bei sich aufnahm. Es gibt die verschiedensten Motive, weswegen Leute sich einen Couchsurfing Account erstellen: Einsamkeit ist eines davon! Ian war ein höflicher Zeitgenosse - als Begrüßung kochte er seine Leibspeise Pie (eine Pastete mit Fleischfülle).

Ich übernachtete drei Nächte bei Ian und erkundete zu Fuß Christchurch - die größte Stadt der Südinsel. Die Stadt bestand aus Containern und in jeder Straße standen Kräne. „Ich habe in keiner anderen Stadt so viele Baufirmen gesehen! Warum ist das so?", fragte ich einen Passanten. „Die Stadt befindet sich immer noch im Aufbau. 2011 ist Christchurch vom stärksten Erdbeben der neuseeländischen Geschichte erschüttert worden!", informierte mich der Passant.

Am Abend begab ich mich, wie zuletzt in Cebu - wo ich Bobby D. traf, zu einem Couchsurfing Treffen. „Vielleicht habe ich wieder so eine Zufallsbegegnung?", dachte ich mir. Das Treffen fand im Freien statt, es war April. Neuseeland liegt auf der Südhalbkugel - deswegen sind die Jahreszeiten vertauscht und es war gerade Herbst (ich weiß, eine Binsenweisheit).

Neben mir saß ein Franzose: „Ich habe mir einen Van gekauft und möchte auf eigene Faust die Südinsel bereisen. Mein Plan ist es Pinguine und Seelöwen zu sehen. Wann immer die Möglichkeit besteht, möchte ich campieren und selbst kochen", erzählte mir François der Franzose. „Ich bin für sechs Wochen in Neuseeland. Was hältst du davon ein Stück gemeinsam zu reisen?", fragte ich ihn. „Hört sich gut an! Ich habe über Couchsurfing eine Französin namens Chloé kennengelernt. Mit dir wären wir zu dritt! Wir können uns morgen bei einem Kaffee treffen und die Reiseroute besprechen", schlug François vor.

Chloé machte in Australien „Work & Travel": zum Abschluss ihrer Reise besuchte sie Neuseeland. François wechselte die Arbeit und hatte zwei Monate Zeit bis es mit dem neuen Job losging. „Ich habe gerade eine Ausbildung zum Fitnesstrainer abgeschlossen. Vorher habe ich als Sportartikelverkäufer gearbeitet und mir mein ganzes Erspartes zusammengekratzt, damit ich reisen kann", erzählte ich den beiden beim Kaffee.

FRANÇOIS UND CHLOÉ BEWUNDERTEN DIE FERNE NEUSEELANDS

Die Chemie stimmte und wir beschlossen in ein unbekanntes Land vorzudringen. Wir waren auf den Weg Richtung Süden nach Dunedin. François hatte einen Reiseführer dabei, der kostenlose Campingplätze abbildete. Wir übernachteten an Bergseen und in wilder Natur - Neuseelandgefühl!

Ich zog das Los desjenigen, der im Zelt schlief: Im Van war nur Platz für zwei Leute. In Christchurch kaufte ich bei einem Militärladen einen Schlafsack - das zahlte sich aus, denn die Nächte waren vor Kälte nicht zu ertragen!

Nach vier Tagen kamen wir beim Bushy Beach an. Vom Rand der Steil-küste konnten wir Gelbaugenpinguine beobachten, die an Land gingen, um ihre Küken zu füttern. „Was für ein Glück die zu sehen! Die Gelb-augenpinguine zählen zu den seltensten Pinguinen der Welt!", meinte Chloé.

 Ich schlug vor, dass wir zwischendurch bei Leuten für ein bis zwei Nächte bleiben: Ich musste mich aufwärmen und eine warme Dusche schadete niemanden von uns. Wir fanden eine Frau in Dunedin, die uns bei sich zu Hause aufnahm. Die Frau hatte neben uns einen Neuseelän-der von der Nordinsel zu Gast. Vom ersten Moment an konnte ich den Typen nicht leiden. Er mochte mich ebenfalls nicht - François jedoch verstand sich mit ihm. Die Stimmung kippte mit dem neuen Reisekame-rad aus Neuseeland: Er beschloss, mit uns mitzukommen. Ich musste einen Kompromiss eingehen: Ich konnte Tiere und Landschaften sehen, die ich ohne Auto nicht gesehen hätte, dafür musste ich Zeit mit diesem Unmensch verbringen.

Wir erfuhren, dass sich 25 Minuten von Dunedin entfernt, die Otago Peninsula befindet: ein Schutzgebiet für Seelöwen. Tatsächlich beka-men wir aus nächster Nähe die Tiere zu Gesicht - Neuseeland, ein Zoo ohne Zäune.

SEELÖWE AUS NÄCHSTER NÄHE

Nach ein paar Tagen entschied ich mich allein weiterzureisen: mir fiel eine Last so schwer wie ein LKW von den Schultern, als ich mich von der Gruppe verabschiedete. Ich war zwar in Invercargill - am abgelegensten Ort der Welt (am südlichsten Punkt Neuseelands), hatte dafür aber meine Freiheit zurück. Ich bastelte ein Schild mit „Queenstown" darauf und versuchte es per Autostopp: nur kurze Zeit später hielt ein Wohnwagen an. „Du möchtest nach Queenstown?", fragte mich der Fahrer „Ja, genau, fahrt ihr dorthin?", fragte ich zurück. „Nicht ganz, wir fahren nach Lumsden, eine Stunde von Queenstown entfernt!", so die Frau des Fahrers. „Steig ein, in Lumsden wird dich schon jemand mitnehmen!", meinte der Fahrer zuversichtlich.

Die Familie kam aus Holland und hatte sich für ihren Urlaub den Wohnwagen gemietet. „Das ist das erste Mal Autostoppen für mich. Nehmt ihr öfter Leute mit?", fragte ich in die Runde. „Das kommt auf die Erscheinung an. Du wirkst in Ordnung. Wir sind bereits dutzenden Autostoppern begegnet - es hat sich herumgesprochen, dass es in Neuseeland funktioniert!", erzählte der Fahrer. In Lumsden stellte ich mein Glück erneut auf die Probe und fand nach einer Viertelstunde jemanden, der mich mitnahm.

Ich war endlich in Queenstown - bereits in Laos erzählten mir Backpacker von dieser Stadt. Für Adrenalinjunkies ist Queenstown ein Muss: Hier entstand das weltweit erste Bungee Jumping. Von der 43 Meter hohen Kawarau Brücke springt man in einen Fluss und taucht dabei für ein paar Sekunden mit dem Kopf ins Wasser! Ich entschied mich für ein anderes Bungee Jumping, das mit 134 Meter höchste Neuseelands - das „Nevis Bungee".

Ich wurde von dem Organisator des „Nevis Bungee" mit einem Kleinbus abgeholt. Die Fahrt verlief durch unwegsames Gelände und dauerte 40 Minuten. Ich bekam es mit der Angst zu tun, als ich die 4 m x 4 m große Plattform sah: die Plattform schwebte mit Stahlseilen montiert inmitten des Nevis Tals. Ich zog das Sicherheitsgeschirr an: Nachdem der Organisator überprüft hatte, ob alles sitzt, fuhr ich mit einem Transportkorb zu Plattform. Mein Adrenalinspiegel stieg auf die Höhe des Mount Everest an, als ich von der Plattform in die Tiefe blickte.

„Bist du bereit Mann?", fragte der Mitarbeiter, während er das Bungee-seil an meinen Füßen befestigte. „Bleibt mir was anderes übrig?!", fragte ich mit zittriger Stimme. „Noch eine Sache: spring Kopf voraus, wie Superman. Das macht mehr Spaß! Nur so als Tipp", zwinkerte der Mann mir zu. Dann der Countdown: „3-2-1 Bungee!" - ich sprang Kopf voraus ich in die Schlucht. Meine Mundwinkel zog es während freien Falls weit nach oben. Am Tiefpunkt angekommen wippte mich das Seil zweimal hinauf - bis mich die Maschine zurück zur Plattform zog.

BLICK AUF DIE PLATTFORM

Am nächsten Tag begegnete ich einem Italiener in der Hostellobby. „Hey - ich bin Paolo. Wie gehts dir Kumpel?", fragte mich der Mann. „Danke, ganz gut. Ich bin Clemens", antwortete ich. „Bist du auch allein unterwegs?", setzte Paolo fort. „Ja - wieder allein. Ich bin mit zwei Franzosen mit einem Van von Christchurch nach Invercargill gereist. Wie schaut es bei dir aus?", fragte ich ihn. „Ich habe mir einen Van gemietet! Das ist Freiheit pur! Ich möchte mir den „Milford Sound" und einen Gletscher auf der Südinsel ansehen. Möchtest du mitkommen?", fragte er mich.

Wir entschieden uns gemeinsam weiterzureisen. Der Unterschied zur Reise mit den Franzosen: ich schlief im Auto und nicht mehr im Zelt. Unser erster Stopp war der „Milford Sound". Der Fjord im Südwesten der Insel gehört zum Weltnaturerbe und ist eine der bekanntesten Touristenattraktionen des Landes. Mit dem Boot fuhren wir den 15,7 Kilometer langen Fjord entlang und sahen dabei Wasserfälle und Naturlandschaften. Der Van hatte eine Kochmöglichkeit eingebaut - Paolo kochte Pasta in allen Variationen: Pasta Tonno, Pasta Pomodoro, Pasta Carbonara, ging schnell und kostete fast nichts! Wir campierten zum Großteil an abgelegenen Plätzen, die uns eine App anzeigte. Eines Morgens, es war etwa 07:00 Uhr, hörten wir ein Klopfen am Fenster. „Guten Morgen. Ihr wisst, dass man hier nicht campieren darf?", unterwies uns ein Ranger. „Das stimmt nicht. Unsere App zeigt an, dass wir hier sehr wohl campieren dürfen!", antworteten wir selbstbewusst. „Das ist aber falsch! Das kostet 70 Neuseeland-Dollar (etwa 40 €) für unbefugtes Campieren", sagte der Ranger.

Ein paar Tage später gelangten wir zum Gebiet Franz-Josef-Gletscher und Fox Gletscher. Heimatgefühle kamen beim Anblick der Berge hoch. Um von der Vogelperspektive auf die Gletscher zu sehen, gab es Hubschraubertouren. Uns reichte eine Wanderung am Fuße der Gletscher. Der Franz-Josef-Gletscher wurde 1865 vom deutschen Entdecker Julius von Haast nach Franz Joseph I. benannt - als Österreicher ein Muss mich vor dem „kaiserlichen" Gletscher abbilden zu lassen.

FRANZ-JOSEF-GLETSCHER

„Ich glaube mit der Südinsel sind wir durch. Ich für meinen Teil zumindestens: ein Fjord, zwei Gletscher, mehrere Gelbschnabelpinguine und ein Sprung aus 134 Meter - mein Resümee der letzten drei Wochen!", sagte ich zur Paolo. „Ja, lass uns auf die Nordinsel fahren. Ich habe gelesen, dass zwei tektonische Platten in Neuseeland aufeinander treffen - das zur Folge hat, dass im Besonderen auf der Nordinsel heißes Wasser durch die Erdkruste and die Oberfläche gerät - ein Paradies für Liebhaber von heißen Quellen", so Paolo.

Von dem Gletschergebiet fuhren wir für die nächsten drei Tage nach Picton. In Picton verbindet die Fähre „Interislander" die Südinsel mit der Nordinsel. Wir reservierten einen Platz für uns und den Van: wir stellten den Van am zugewiesenen Parkplatz ab und organisierten für Wellington - unser erster Stopp der Nordinsel - eine Unterkunft. „Der Typ hat gute Bewertungen - dem schreib ich!", meinte Paolo, als er Profile auf Couchsurfing durchstöberte.

In Wellington - der Hauptstadt Neuseelands, blieben wir für zwei Nächte bei Michael - einem pensionierten Regierungsbeamten. Seine Kinder waren bereits ausgezogen: Paolo und ich konnten daher in den ehemaligen Kinderzimmern übernachten. „Ich koche heute Abend Lasagne! Am ersten Abend koche ich immer für meine Gäste. Wenn ihr Lust habt, könnt ihr morgen kochen!", meinte Michael. „Abgemacht!", stimmten Paolo und ich zu. Bei einem Glas Rotwein ließen wir uns die Lasagne in Michaels Anwesen schmecken (eine willkommene Abwechslung zum Campingleben!).

Am nächsten Tag schlenderten wir durch die Stadt und besichtigten das Nationalmuseum „Te Papa Tongarewa" (das soviel wie „Behälter von Schätzen" bedeutet). Die Maori entdeckten 300 Jahre vor den europäischen Seefahrern das unbewohnte Neuseeland - heute ist gerade einmal jeder siebte Bewohner Neuseelands ein Maori.

Der nächste Halt war die Stadt Taupō - am Ufer des Taupō Sees. Der Taupō See entstand vor 2.000 Jahren bei einem Vulkanausbruch: der Vulkanausbruch hatte ein so großes Ausmaß, dass er die Himmel bis nach Europa und China verdunkelte! Ein Kraftort, der Paolo und mich in seinen Bann zog: Wir campierten für drei Tage am Fuße des Sees und erkundeten die Gegend. Ein weiteres Naturspektakel war der Huka Wasserfall - nur einen Katzensprung von Taupō entfernt. Vom elf Meter hohen Wasserfall schießen 220.000 Liter pro Sekunde in das Fallbecken - das entspricht dem Inhalt von 1000 Badewannen!

HUKA WASSERFALL

Als nächstes fuhren wir in die Stadt Rotorua - ein Ort der Maori Kultur und himmelhohen Geysiren. Es stank nach faulen Eiern. Rund um Rotorua befinden sich Geothermalgebiete. Wir entschieden uns für das Geothermalgebiet Wai-O-Tapu: ein Schauplatz von Tümpeln und Kratern, von heißen Gasen und warmen Teichen in allen Farben des Regenbogens.

„Lass uns danach in einer heißen Quelle baden", sagte ich zu Paolo. „Ich bin dabei!" Wir fanden heraus, dass es einen Bach mit Thermalwasser gab, frei zugänglich und jederzeit offen. „Da fahren wir heute Abend hin", meinte Paolo. Als wir am Parkplatz ankamen, war es bereits dunkel. Wir marschierten ein paar hundert Meter der Beschilderung entlang, bis wir beim Bach ankamen. „Endlich sind wir da. Das Wasser muss richtig heiß sein, dem Dampf nach", sagte ich zu Paolo. „Mir ist nicht ganz wohl bei der Sache. Ich bleibe lieber draußen. Du kannst ruhig rein gehen", meinte er.

Ich zog meine Badehose an und näherte mich dem Bach. Da hörte ich plötzlich Geräusche: Ich war nicht allein da! Es gab drei natürlich angelegte Becken - eines davon hat sich ein Pärchen zum Liebesspiel ausgesucht. Ich badete mich im 40 °C warmen Wasser und hörte das Gestöhne des Pärchens in dem Becken über mir.

Nach diesem „heißen" Ort setzte unser Ausflug in Auckland - der größten Stadt Neuseelands, fort. Auf dem Weg nach Auckland machten wir einen Halt in Matamata: In der Nähe der Kleinstadt liegt eine magische Welt - die Gegend diente als Filmkulisse für das Auenland der „Herr der Ringe"-Filme. Für uns war es ausreichend, die Filmkulisse von der Distanz zu bestaunen: Andere Touristen ließen sich gegen Bezahlung das „Hobbiton Movie Set" zeigen und kamen Hobbits dicht auf die Fersen!

GEOTHERMALGEBIET WAI-O-TAPU

„Jetzt sind wir seit fünf Wochen in Neuseeland. Was gefällt dir besser, die Südinsel oder die Nordinsel?", fragte ich Paolo auf der Fahrt nach Auckland. „Ich liebe das Weite, die Berge und die Stille. Deshalb gefällt mir die Südinsel besser", meinte er.

Wir checkten für zwei Nächte in einem Hostel in Auckland ein. „Mann, übermorgen geht mein Flug zurück nach Australien. Die Zeit ist wie im Flug vergangen", meinte Paolo. „Ich weiß. Ich kann dich zum Flughafen bringen!", bot ich ihm an. „Danke, nicht nötig. Die Mietwagenfirma hat eine Zentrale am Flughafen. Ich kann das Auto dort abgeben", meinte er.

Unsere Zeit neigte sich dem Ende zu. „Ich werde dich vermissen Mann. Lass uns zum Schluss Pizza essen gehen. Ich lade dich ein. In Australien werde ich arbeiten und die Kosten der Neuseelandreise sind in zwei Wochen wieder ausgeglichen", so Paolo.

Ich lernte eine Rentnerin auf Couchsurfing kennen und verbrachte bei ihr die übrigen drei Nächte: Sie wohnte allein und hatte mehr Katzen als es Schafe in Neuseeland gibt! Ich half ihr bei der Gartenarbeit; als Gegenzug unterrichtete sie mich in Kräuterkunde - wer weiß für was man alles einmal brauchen kann?

Ich schlenderte durch die 1,4 Millionen Einwohner Metropole und be-suchte den größten Fernsehturm der Südhalbkugel: den 328 Meter hohen „Sky Tower". Vom Aussichtspunkt fühlte es sich so an, als ob ich zum benachbarten Australien blicken könnte: doch der Schein trog - ganze 4 Flugstunden trennten mich von meinem nächsten Stopp Melbourne!

BARFUSS WANDERN IN QUEENSTOWN

Ich landete in Melbourne - der zweitgrößten Stadt des australischen Kontinents. Auf Couchsurfing fand ich einen Philippiner, der seine Unterkunft zur Verfügung stellte. Sein Name war Jose - er holte mich sogar vom Flughafen ab: „Hast du Hunger? Hier in der Nähe gibt es einen Burgerladen", meinte er. Aufgrund meines 16-tägigen Philippinen Aufenthalts redeten wir überwiegend über sein Herkunftsland. „Ich bin vor vier Jahren nach Melbourne ausgewandert. Ich arbeite in einem Krankenhaus und mit dem Geld, das ich verdiene, kann ich meine Familie zuhause unterstützen", erzählte er mir beim Essen. Als wir bei seiner Wohnung ankamen, traf ich einen weiteren Gast: „Das ist Martin - er kommt aus Frankreich und macht ebenfalls eine Weltreise", Jose stellte ihn mir vor.

Am nächsten Tag machten wir einen Ausflug zum „Melbourne Zoo": neben Giraffen und Zebras bekamen wir Tiere zu Gesicht, die wie von einem anderen Planeten wirkten. Anderer Breitengrad - andere Tiere.

Obwohl ich mich freute, in Australien zu sein, fühlte ich mich ausgebrannt: Eine Art „Travel Burnout". Ich hatte das Gefühl, es in den letzten Monaten übertrieben zu haben. Meine Anforderungen an mich waren hoch. Am liebsten hätte ich in 8 Monaten die ganze Welt gesehen - doch unterwegs lernte ich, dass auch beim Reisen „der Weg das Ziel ist".

Am Abend - Jose, Martin und ich schauten fern - schrieb mir eine Frau namens Zoe auf Couchsurfing: „Hey! Ich war schon einmal in Österreich und liebe die Berge! Wenn du möchtest zeige ich dir die „Great Ocean Road" - die musst du einmal gesehen haben!", meinte Zoe überzeugend.

Wir trafen uns am Bahnhof Flinders Street - Zoe holte mich mit dem Auto ab und wir fuhren die 243 Kilometer lange Panoramastraße ab. „In der Nähe sind die „Twelve Apostels". Es sind Kalksteinsäulen, die einmal mit den Klippen des Festlandes verbunden gewesen sind, doch mit der Zeit machten sie sich selbstständig und wurden zu den"Twelve Apostels"!, erklärte mir Zoe.

TWELVE APOSTELS

Nach Melbourne setzte ich meine Reise in Sydney fort. Hier blieb ich ein paar Tage bei einem Kumpel von Orcun, mit dem ich in Mumbai Bekanntschaft machte. Es ergab sich zufällig, denn über Couchsurfing las ich, dass Orcun mit Charles befreundet war. „Ich sollte niemanden bei mir zu Gast haben. Ich habe einen Vermieter, wenn der das mitbekommt, bringt der uns um!", sagte Charles ängstlich, als er mir sein Zimmer in der 7-Mann-WG zeigte. „Komm, gehen wir zum Bondi Beach. Der ist gleich um die Ecke - es ist einer der berühmtesten Strände Australiens!", so Charles, nachdem ich das Gepäck im Zimmer abgelegt hatte. Wir gingen am Strand entlang und mir fiel auf, dass die Häuser in Strandnähe ruiniert waren. „Was ist mit den Häusern passiert?", fragte ich Charles. „Vor ein paar Wochen tobte ein Sturm. Die sind immer noch beim Aufbauen", erklärte er mir.

Ich war an einem Punkt angelangt, wo ich nicht wusste, wie es mit meiner Reise weiterging. Ich schrieb Nicky eine Nachricht: „Hey! Ich bin in Sydney. Es ist das Ende meiner Reise. Ich möchte dich ein letztes Mal sehen, bevor ich nach Österreich fliege. Was hältst du davon, wenn ich in zwei Tagen in ein Flugzeug nach Hongkong steige?", fragte ich sie.

Am nächsten Tag besuchte ich das Wahrzeichen der Stadt - das Opera House. Auf meiner Route hakte ich bereits weltbekannte Sehenswürdigkeiten ab, das Taj Mahal, den Angkor Wat-Tempel und die Halong Bucht - doch der Anblick vom Opera House bei Nacht mit Blick auf die Harbour Bridge gehörten zu den Höhepunkten!

Es war meine letzte Nacht bei Charles: Und ehrlich gesagt hätte ich keine weitere ausgehalten! Charles versteckte mich in seinem Schrank, als sein fünf Meter großer, bulgarischer Vermieter die Wohnung betrat: „Wenn der uns sieht, sind wir tot!", zum Glück kam uns der Mann nicht in die Quere - und ich stieg unbeschadet in das Flugzeug nach Hongkong!

OPERA HOUSE

HONGKONG UND DIE LIEBE
Juni 2016

Mein zweites Mal in Hongkong: Die Macht der Liebe zog mich erneut in die Stadt. Ich fühlte mich ausgelaugt - ich wollte mich auskurieren, bevor ich nach Hause flog. Ich kam am Flughafen an und machte mich auf den Weg zu Nickys Wohnung. „Willkommen zurück in Hongkong!", begrüßte mich Nicky.

Mein Erspartes in der Höhe eines Kleinwagens neigte sich dem Ende zu: Ich brauchte Geld! Mir fiel die Begegnung mit Bob in Vietnam ein, der seine Reiseimpressionen gegen eine freiwillige Spende auf der Straße anbot. Ich erzählte Nicky von der Idee und wir bastelten einen Verkaufsstand: Ein Stück Papier diente als Unterlage für die Fotos; ich beschriftete das Papier mit den einzelnen Zielen: Thailand, Vietnam, Laos und klebte die Bilder darauf.

Während des Tages ging Nicky arbeiten und ich brachte meine Fotos an den Mann. Ich saß vor einem bekannten Einkaufszentrum, da kam ein Mann zu mir: „Das Bild von Österreich möchte ich gerne haben. Wie viel kostet es?", fragte der Mann im Anzug. „Sie können mir eine freiwillige Spende geben - geben Sie mir, was Sie wollen", sagte ich ihm. „Okay, viel Spaß noch beim Reisen!", der Mann drückte mir 500 Hongkong-Dollar (knapp 60 €) in die Hand und ging.

„Wie ist es gelaufen?", fragte mich Nicky am Abend. Ich erzählte ihr von der großzügigen Spende des Mannes. „Du hast bald so viel, dass du wieder reisen kannst. Wenn du dir ein letztes Ziel aussuchen könntest, welches Land würde es sein?", fragte mich Nicky.

Ich dachte über die Frage nach. Ein letztes Land? Ich saß vor dem Einkaufszentrum und bemerkte die Neugier der Menschen, die meine Fotos sahen: „Auch wenn man fürs Reisen zum Teil ein dickes Fell benötigt, macht es dieser Augenblick wieder wett", dachte ich mir, als ich das Funkeln in den Augen der Leute sah. Ich schöpfte Kraft. „Ich fliege nach Tokyo!", verkündete ich Nicky beim Abendessen.

METROPOLE HONGKONG

SIEBEN TAGE IN TOKYO
Juni 2016

Mit den Spendeneinnahmen leistete ich mir einen Flug nach Tokyo: Eine Stadt, in der neben Wolkenkratzern und Tempeln Ultramodernes auf Traditionelles trifft. Wie auch in Singapur und Hongkong waren die Unterkünfte teuer ich versuchte es ein letztes Mal mit Couchsurfing.

Zum Teil fragte ich mich, was sich die Leute denken, wenn sie jemanden bei sich zu Hause aufnehmen? Ich schlief auf angeranzten Matratzen am Boden in einem Zimmer, wo man nicht einmal Hunde darauf schlafen lassen würde! So war es in Tokyo. Mir war es egal, denn ich wusste: In einer Woche schlafe ich wieder in meinem eigenen Bett!

An meinem ersten Tag besuchte ich den Asakusa-Schrein - Tokios ältesten und bedeutendsten Tempel. Am Abend ging ich in das Ausgehviertel „Roppongi". Ich schlenderte die Straße entlang und suchte nach einer Sushi-Bar: „Entschuldigen Sie, sind Sie von diesem Viertel?", fragte ich eine Japanerin. „Ja, wie kann ich Ihnen helfen?", fragte mich die Frau hilfsbereit. „Ich bin für eine Woche in Tokyo und ich möchte Sushi essen! Können Sie mir ein Restaurant empfehlen?", fragte ich die Dame. „Ja - kommen Sie mit!", die Frau ging mit mir zwei Straßen weiter und zeigte mir ein Restaurant. „Hier gehe ich immer hin! Ich zeige Ihnen, was wir Japaner essen!", meinte die Frau und zog mich bei der Hand in das Restaurant.

Wir setzten uns an die Sushi-Bar und die Frau bestellte zahlreiche Variationen von Nigiri - den ovalen Reisbällchen mit frischem Fisch: Nigiri mit Thunfisch, Nigiri mit Lachs, Nigiri mit Makrele und Nigiri mit Aal! Wir sahen den talentierten Köchen zu, wie sie vor unseren Augen den fangfrischen, rohen Fisch mit den warmen Reisbällchen zubereiteten.

Es war damit nicht vorbei - die Frau ließ mich nicht mehr los. „Ich muss mit Ihnen noch zu einer Karaoke-Bar gehen!", meinte die Frau nach dem Essen. Wir gingen in ihr Stammlokal in Roppongi: Wir tranken Reiswein und sangen japanische Volkslieder (ich tat so als könnte ich singen).

SHIBUYA KREUZUNG

Die Tokyo-Tour setzte ich am nächsten Tag mit dem Besuch eines Teehauses fort: Mich interessierte die Zubereitung von Matcha - einem leuchtend grünen Getränk aus gemahlenen Grünteeblättern. Dieser spezielle Tee ist ein beliebtes Getränk: Man kann es sich so vorstellen, als hätte es in Japan dieselbe Beliebtheit wie in Italien der Espresso.

MATCHA-VERKOSTUNG

Die letzten drei Nächte wechselte ich die Unterkunft: Issei, ein Japaner meines Alters, bot mir ein Zimmer an. „Du bist mein letzter Gastgeber. Ich hoffe, du hast als Tourguide einige Asse im Ärmel!", scherzte ich bei meiner Ankunft. „Hast du das Wahrzeichen Tokyos - den „Tokyo Tower" schon gesehen? Er ist um circa zwei Meter höher als der Eifelturm - die Aussicht ist der Wahnsinn!", meinte Issei überzeugend.

Mit der Metro fuhren wir zum 4000 Tonnen schweren Stahlkoloss: „Ich kann mich noch an die Aussicht vom letzten Turm in Auckland erinnern. Ich liebe die Vogelperspektive! Alle Probleme wirken von dieser Höhe unbedeutend. Es gibt einen deutschen Sänger, der es mit diesen Zeilen auf den Punkt bringt: „Über den Wolken - muss die Freiheit wohl grenzenlos sein - alle Ängste, alle Sorgen sagt man - bleiben darunter verborgen und dann - würde was uns groß und wichtig erscheint - plötzlich nichtig und klein", auf 332 Metern Höhe interpretierte ich Issei den Song.

„Bevor du fliegst - lass dir von einem Spezialisten die Meridiane mit Akupunktur Nadeln abstecken! Das ist Entspannung pur!", verriet mir Issei. An meinem letzten Tag saß ich bei einem Akupunkteur in Tokyo: Die Reise hat mir viel abverlangt - Reisen ist kein Zuckerschlecken - und ich bereitete mich auf der Massageliege mental auf Österreich vor. Was mich wohl zurück in meiner Heimat erwarten würde? Ich hatte keine Ahnung. Ich vertraute einfach darauf, dass alles gut gehen würde.

Schließlich war der Tag gekommen - Trommelwirbel - wir schrieben den 26. Juni 2016: Ich trat meinen letzten Flug (fürs Erste) an und stieg in eine Boeing 777 von Emirates. Mein Herz pochte, ich konnte es nicht glauben, dass mein Abenteuer zu Ende ging.

Zuerst flog ich nach Dubai. Ich verbrachte einen mehrstündigen Zwischenstopp in den Emiraten und nutzte die Zeit, um mein Tagebuch zu füllen: „13 Länder, 42 Städte und neun Inseln sind in den letzten acht Monaten mein Zuhause gewesen. Ich habe bei 32 verschiedenen Gastgebern übernachtet - habe mehr Stunden als ich ohne Taschenrechner zusammenzählen könnte, in Flugzeugen, Zügen, Bussen, Rikschas und auf Motorrädern verbracht. Ich habe Leute aus allen Teilen der Erde getroffen und war offen für ihre Kultur, ihre Religion und ihre Kulinarik. Ich bin zu Hochzeiten eingeladen worden, habe Apnoetauchen gelernt und habe mich unsterblich in eine Neuseeländerin verliebt. Nach all diesen Erfahrungen bleibt nur eins zu sagen: Danke - für diese Welt, für die guten Menschen da draußen und die unvergesslichen Momente. Es hat sich ausgezahlt, den ersten Schritt aus der Komfortzone zu machen und für die Welt und ihre Mysterien offen zu sein."

Goodbye World - Hello home sweet home.

AUSBLICK VOM „TOKYO TOWER"

HELDENREISE

Hätte ich vor vor ein paar Jahren jemandem erzählt, dass ich mir einmal all diese wunderbaren Länder und Kulturen ansehen würde, hätte ich es selber nicht geglaubt. Der Gedanke daran begeisterte mich. Ich erlaubte es mir, groß zu träumen und malte mir im Geiste die perfekte Reise aus.

 Ich ging den ersten Schritt und eine Vielzahl von unvorhergesehenen Zufällen ergaben sich. Als ob in meinem Leben alle Ampeln auf Grün standen, oder wie Goethe zu sagen pflegte: „In dem Augenblick, in dem man sich endgültig einer Aufgabe verschreibt, bewegt sich die Vorsehung auch. Alle möglichen Dinge, die sonst nie geschehen wären, geschehen, um einem zu helfen. Ein ganzer Strom von Ereignissen wird in Gang gesetzt durch die Entscheidung und er sorgt zu den eigenen Gunsten für zahlreiche unvorhergesehene Zufälle, Begegnungen und materielle Hilfen, die sich kein Mensch vorher je so erträumt haben könnte. Was immer Du kannst, beginne es. Kühnheit trägt Genius, Macht und Magie. Beginne jetzt."

NACHWORT

Im Leben kann man die Punkte erst im Nachhinein zusammenzählen: Ich wusste 2015 bei meiner ersten Reise nicht, dass ich ein Buch über meine Erlebnisse schreiben würde. Freunde und Bekannte drängten mich, darüber zu schreiben. „OK!", dachte ich mir - und legte los. Es fühlte sich so an, als ob es meine Pflicht wäre, meine Leser mit um die Erdkugel zu nehmen - und den einen oder anderen zum Reisen zu inspirieren.

Mit dem Reisen öffnete sich immer wieder eine neue Tür, als eine alte zuging: Es stillte mein Bedürfnis nach Freiheit, Ferne und Weite. Wenn Du jetzt den Drang verspürst, die Erdkugel und ihre Geheimnisse zu erforschen, ist mein Appell an Dich: Beginne jetzt! Wer weiß, welche spannenden Begegnungen und Abenteuer auf Dich warten?

Zu guter Letzt ein Zitat von einem Autor, dessen Bücher mich im Laufe meiner Reise inspirierten:

„Wenn Du deinem Glück folgst, wird Dir das Universum Türen öffnen, wo vorher Mauern waren."
- Joseph Campbell.

Eine gute Reise,
Clemens

NEVER STOP EXPLORING !